Educação Básica

A formação do professor

Relação professor-aluno

Planejamento

Mídia e educação

Conselho Editorial
Ataliba Teixeira de Castilho
Felipe Pena
Jorge Grespan
José Luiz Fiorin
Magda Soares
Pedro Paulo Funari
Rosângela Doin de Almeida

Proibida a reprodução total ou parcial em qualquer mídia
sem a autorização escrita da editora.
Os infratores estão sujeitos às penas da lei.

A Editora não é responsável pelo conteúdo da Obra,
com o qual não necessariamente concorda. A Autora conhece os fatos narrados,
pelos quais é responsável, assim como se responsabiliza pelos juízos emitidos.

Consulte nosso catálogo completo e últimos lançamentos em **www.editoracontexto.com.br**.

Educação Básica

A formação do professor

Relação professor-aluno

Planejamento

Mídia e educação

Maria Lucia Vasconcelos

Copyright © 2011 da Autora
Todos os direitos desta edição reservados à
Editora Contexto (Editora Pinsky Ltda.)

Montagem de capa e diagramação
Gustavo S. Vilas Boas

Preparação de textos
Lilian Aquino

Revisão
Daniela Marini Iwamoto

Dados Internacionais de Catalogação na Publicação (CIP)
(Câmara Brasileira do Livro, SP, Brasil)

Vasconcelos, Maria Lucia
Educação básica : a formação do professor, relação professor-aluno,
planejamento, mídia e educação / Maria Lucia Vasconcelos. – São Paulo :
Contexto, 2012.

Bibliografia.
ISBN 978-85-7244-692-1

1. Educação básica - Brasil 2. Interação professor-alunos 3. Pedagogia
4. Prática de ensino 5. Professores - Formação profissional I. Título.

11-13025   CDD-370.1110981

Índice para catálogo sistemático:
1. Brasil : Educação básica 370.1110981

2012

EDITORA CONTEXTO
Diretor editorial: *Jaime Pinsky*

Rua Dr. José Elias, 520 – Alto da Lapa
05083-030 – São Paulo – SP
PABX: (11) 3832 5838
contexto@editoracontexto.com.br
www.editoracontexto.com.br

Para minha neta,
Maria Vitória Moutinho Vasconcelos,
que representa a renovação da vida,
da esperança e
do amor.

SUMÁRIO

APRESENTAÇÃO 9

A FORMAÇÃO DO PROFESSOR 13

A formação para a educação básica 16

A formação continuada para a educação básica 24

A profissão de professor 29

Entrevista: Maria da Graça Mizukami 33

O EXERCÍCIO DA AUTORIDADE DOCENTE 41

Autoridade e docência 44

Autoridade e autoritarismo 51

O exercício ético da autoridade 55

O exercício da docência em seus diferentes perfis 57

Entrevista: Neusa Bastos 61

PLANEJAMENTO E AÇÃO DOCENTE
NO ESPAÇO DA SALA DE AULA 75

O professor em sala de aula 78

Entrevista: Marcos Masetto 91

O DIÁLOGO NA EDUCAÇÃO **105**

Diálogo e educação 107

O diálogo em sala de aula 112

Formação de professores para o diálogo 116

Entrevista: Zilma Oliveira 119

NO TEXTO JORNALÍSTICO,
UM OLHAR EXTERNO PARA A EDUCAÇÃO **133**

O olhar da imprensa sobre a educação brasileira 136

Conclusão 140

Editoriais consultados 142

Entrevista: Maria Rehder 144

BIBLIOGRAFIA **153**

A AUTORA **157**

Apresentação

Discutir a educação básica em nosso país é tarefa cada vez mais necessária, mas certamente nada fácil! Inúmeras podem ser as perspectivas de análise, os pontos a serem abordados, os temas considerados mais sensíveis. Este livro, que não tem a pretensão de esgotar o assunto ou apresentar a "melhor" alternativa para sua reflexão, propõe, para discussão da comunidade de educadores comprometidos com a educação básica, alguns dos temas e problemas que a envolvem.

Assim, *Educação básica* está dividido em cinco capítulos. Em cada um deles, um tema/problema é apresentado e, na sequência, é discutido por um(a) educador(a) entrevistado(a) pela autora, com a finalidade de enriquecer o debate aqui proposto. Com frequência, os educadores convidados não se ativeram exclusivamente ao tema em questão, fato normal quando profissionais da educação são chamados a discutir o assunto: a riqueza do debate está justamente aí.

Assim, cada capítulo se encerra com a seção "O tema em debate", na qual apresentamos as entrevistas, com o intuito de enriquecer as reflexões expostas. Nessas entrevistas, são conhecidas as contribuições desses docentes, todos referências no campo da formação − inicial e continuada − de professores, a saber: os educadores Marcos Tarciso Masetto e Maria da Graça Nicoletti Mizukami, estudiosos das

Educação básica

práticas docentes e de suas metodologias; a linguista Neusa Maria Oliveira Barbosa Bastos, preocupada com a educação linguística bem como com a formação do professor de Língua Portuguesa; a doutora em psicologia, professora Zilma de Moraes Ramos de Oliveira, especialista em desenvolvimento humano, com vasta atuação no campo da educação infantil; e a jornalista Maria Rehder, especializada em educação.

No primeiro capítulo, intitulado "A formação do professor", buscou-se analisar as questões relativas à formação – inicial e continuada – dos professores para a educação básica. A partir da análise dos cursos de licenciatura – com suas fragilidades –, os programas de educação continuada desenhados para docentes passam a ser comentados, alertando-se para a especial atenção que se deve dar à riqueza que a possibilidade de interação entre os componentes de um determinado grupo de professores naturalmente proporciona. O exercício da profissão docente é também alvo de análise desse primeiro capítulo.

No capítulo "O exercício da autoridade docente", a relação professor-aluno é refletida, pois, mesmo que o exercício dos papéis de professor e de aluno seja mútua e simultaneamente controlado – já que o próprio espaço institucional, suas normas e regulamentos indicam que é esperado todo um conjunto de ações específicas e particulares para aquele grupo social –, essa relação prevê uma interação equilibrada em que sujeitos, pelo diálogo, devem buscar a construção de uma educação para a autonomia. Cabe, no entanto, ao professor, tarefas específicas e alguns cuidados necessariamente tomados para evitar que o processo venha a se perder pela falta de clareza dos caminhos a serem percorridos. Daí a ne-

Apresentação

cessária discussão a respeito do exercício da autoridade docente, sua prática, seus limites.

"Planejamento e ação docente no espaço da sala de aula" é o terceiro capítulo. Nele, diferentes aspectos da função do professor em sala de aula são analisados e as diversas fases do planejamento educativo são apresentadas e discutidas. No exercício de seu papel profissional e sem abusar de sua autoridade como docente, o professor deve gerir, competentemente, todas as atividades propostas em sala de aula, num trabalho conjunto com seus alunos, que deverão ser sempre ouvidos e respeitados.

"O diálogo na educação", considerando como imperativa a presença do diálogo na escola, gira em torno do pensamento de Paulo Freire, que pretende uma escola democrática em que a educação se efetive em ambiente de respeito entre interlocutores diversos, todos sujeitos de sua própria vida, sem, no entanto, ignorar as especificidades e diferenças de cada um, que devem ser respeitadas nesse processo de interação, oportunizado pela educação formalmente instituída.

O livro se completa com o capítulo "No texto jornalístico, um olhar externo para a educação", em que não se tem a pretensão de apontar erros ou acertos das análises feitas pela mídia em geral, quando esta se refere à educação, mas, sim, verificar como se dá essa relação. Quais os temas mais frequentemente abordados e sob que ótica? Como é vista a comunidade educacional brasileira pelos meios de comunicação? O que dela se cobra? O que nela se critica? E as políticas públicas implementadas, como estão avaliadas? Há, também, acertos apontados?

Educação básica

Educação básica é um pretexto para que se possa refletir acerca de algumas das questões que envolvem o processo de educação formal de escolas brasileiras; e também um convite a professores para que revejam e discutam suas práticas, sua profissão e, principalmente, seu papel social.

A FORMAÇÃO DO PROFESSOR

> Daí que seja tão fundamental conhecer o conhecimento existente quanto saber que estamos abertos e aptos à produção do conhecimento não existente. Ensinar, aprender e pesquisar lidam com esses dois momentos do ciclo gnosiológico: o em que se ensina e se aprende o conhecimento já existente e o em que se trabalha a produção do conhecimento ainda não existente.
>
> Paulo Freire (2005: 28)

Neste capítulo, buscaremos analisar as questões relativas à formação – inicial e continuada – dos professores para a educação básica. Ao iniciarmos esta discussão, no entanto, faz-se necessária uma ressalva: partiremos de algumas premissas que nos possibilitarão discorrer a respeito do tema, de modo a equalizar, o mais possível, as tantas diferenças regionais existentes neste nosso país de dimensões continentais.

A realidade da formação de professores para a educação básica na região Sudeste não é exatamente a mesma que a da região Norte, por exemplo. Partiremos, portanto, dos pressupostos legais existentes, assinalando, sempre que necessário, os traços distintivos relevantes em termos nacionais, que nos possibilitem uma análise mais acurada dos fatos reais.

Educação básica

A Lei de Diretrizes e Bases da Educação Nacional, Lei n° 9.394, de 20 de dezembro de 1996, explicita, em seu Título VI – Dos Profissionais da Educação, Artigo 61, os fundamentos da formação dos profissionais da educação, a saber: "I – a associação entre teorias e práticas, inclusive mediante a capacitação em serviço; II – aproveitamento da formação e experiências anteriores em instituições de ensino e outras atividades".

A mesma Lei n° 9.394/96, em seus artigos 62 e 63, assim determina:

> Art. 62°. A formação de docentes para atuar na educação básica far-se-á *em nível superior, em curso de licenciatura, de graduação plena,*[1] em universidades e institutos superiores de educação, admitida, como formação mínima para o exercício do magistério na educação infantil e nas quatro primeiras séries do ensino fundamental, a oferecida em nível médio, na modalidade Normal.
>
> Art. 63°. Os institutos superiores de educação manterão:
>
> I – cursos formadores de profissionais para a educação básica, inclusive o curso normal superior, destinado à formação de docentes para a educação infantil e para as primeiras séries do ensino fundamental;
>
> II – programas de formação pedagógica para portadores de diplomas de educação superior que queiram se dedicar à educação básica;
>
> III – programas de educação continuada para os profissionais de educação dos diversos níveis. (grifo nosso)

Em 1997, o Conselho Nacional de Educação, pela Resolução n° 02/97, normatiza (e amplia) o acesso à profissão docente aos portadores de certificados de conclusão de Programa Especial de Formação Pedagógica:

A formação do professor

Artigo 2º – O programa especial a que se refere o artigo 1º é destinado a portadores de diploma de nível superior, em cursos relacionados à habilitação pretendida, que ofereçam sólida base de conhecimentos na área de estudos ligada a essa habilitação.

Parágrafo único – A Instituição que oferecer o programa especial se encarregará de verificar a compatibilidade entre a formação do candidato e a disciplina para a qual pretende habilitar-se.

Artigo 10º – O concluinte do programa especial receberá certificado e registro profissional equivalentes à licenciatura plena.

As disposições anteriormente colocadas resultaram em crescimento do número de professores com ensino superior, no magistério da educação básica em todo o país. No entanto, 40% desses profissionais não foram capacitados para a disciplina que, em realidade, ministram.[2]

Mais grave, no entanto, é a existência de um contingente – ainda excessivo – de indivíduos que exercem as funções docentes no âmbito da educação básica, no Brasil, sem qualquer preparo para tal.

De acordo com o Censo Escolar de 2009, o Brasil ainda possui 636.800 professores, hoje em exercício nas escolas públicas ou particulares do país, que não têm a formação mínima necessária para o exercício profissional do magistério, na educação básica: 12.480 docentes cursaram apenas o ensino fundamental e 624.320, somente o ensino médio regular!

Portanto, 12.480 professores ainda exercem o magistério tendo apenas o ensino fundamental como escolaridade e lecionando, majoritariamente, para as primeiras séries do fundamental, ou seja, para as séries de alfabetização!

15

Educação básica

Esses poucos números aqui trazidos, ainda que muito variados nas diferentes regiões do país, demonstram o quanto estamos ainda distantes de vermos atingidas as condições mínimas desejáveis para um processo educacional eficiente. Assim, o desenvolvimento desta análise nos encaminha diretamente para outro problema, um verdadeiramente sério problema, que é o da qualidade dos cursos de formação de professores hoje ofertados no país.

Já vimos que muitos dos professores em ação não têm a formação mínima exigida pela legislação em vigor, mas a maioria apresenta essa condição, havendo um crescimento sensível no número de docentes titulados. Em 2009, 67,8% dos professores do ensino fundamental possuíam curso superior.

Considerando a maioria, constituída por professores portadores de diplomas de licenciatura, passemos a analisar como tais profissionais vêm sendo formados.

A FORMAÇÃO PARA A EDUCAÇÃO BÁSICA

A educação básica compreende o ensino fundamental e o ensino médio, perfazendo 12 anos de escolaridade.

Os professores de 1ª a 4ª séries são formados por:

a) Cursos de Magistério – de nível médio –, extintos em quase todo o território;
b) Cursos Normais Superiores, que praticamente se extinguiram em razão do atual perfil dos cursos de Pedagogia;

A formação do professor

c) Cursos ministrados por Institutos Superiores de Educação – uma "ideia" que, na prática, engatinha, sendo ainda poucos os que hoje se encontram em funcionamento;

d) Cursos de Pedagogia cujas Diretrizes Curriculares passamos a comentar.

Em seu artigo 4º, as Diretrizes Curriculares Nacionais para o Curso de Graduação em Pedagogia, licenciatura, definem o profissional que tal curso deve formar:

> Art. 4º O curso de Licenciatura em Pedagogia destina-se à formação de professores para exercer funções de magistério na educação infantil e nos anos iniciais do ensino fundamental, nos cursos de ensino médio, na modalidade Normal, de educação profissional na área de serviços e apoio escolar e em outras áreas nas quais sejam previstos conhecimentos pedagógicos.
>
> Parágrafo único. As atividades docentes também compreendem participação na organização e gestão de sistemas e instituições de ensino, englobando:
>
> I – planejamento, execução, coordenação, acompanhamento e avaliação de tarefas próprias do setor da Educação;
>
> II – planejamento, execução, coordenação, acompanhamento e avaliação de projetos e experiências educativas não escolares;
>
> III – produção e difusão do conhecimento científico-tecnológico do campo educacional, em contextos escolares e não escolares.

Como se vê, são de largo espectro as recomendações de desenho curricular para esse curso, voltado não só para a

Educação básica

ação docente desses futuros profissionais, mas também para o desempenho de outras atividades como as elencadas no parágrafo único do artigo anteriormente transcrito. No entanto, paradoxalmente, a carga horária mínima obrigatória desses cursos diminuiu, sendo hoje esta a exigência apontada pelas Diretrizes Curriculares Nacionais:

> Art. 7º O curso de Licenciatura em Pedagogia terá a carga horária mínima de 3.200 horas de efetivo trabalho acadêmico, assim distribuídas:
>
> I – 2.800 horas dedicadas às atividades formativas como assistência a aulas, realização de seminários, participação na realização de pesquisas, consultas a bibliotecas e centros de documentação, visitas a instituições educacionais e culturais, atividades práticas de diferente natureza, participação em grupos cooperativos de estudos;
>
> II – 300 horas dedicadas ao Estágio Supervisionado prioritariamente em educação infantil e nos anos iniciais do ensino fundamental, contemplando também outras áreas específicas, se for o caso, conforme o projeto pedagógico da instituição;
>
> III – 100 horas de atividades teórico-práticas de aprofundamento em áreas específicas de interesse dos alunos, por meio da iniciação científica, da extensão e da monitoria.

São apenas 3.200 horas de formação para que tenhamos um professor habilitado para a educação infantil e para o ensino fundamental (1ª a 5ª), um generalista que corre o risco de não se aprofundar devidamente nem nos conteúdos específicos com os quais irá trabalhar, nem com os caminhos metodológicos que deverá percorrer para que o processo de ensino-aprendizagem venha de fato ocorrer.

Com relação às demais licenciaturas, que formam professores para o ensino fundamental II e para o ensino médio, especialistas em determinada disciplina do currículo, o quadro se repete: o mínimo previsto é de 3.200 horas de formação, incluídas, nesse total, as 300 horas de estágio supervisionado mais as 100 horas de atividades de aprofundamento.

Todas as licenciaturas podem ser, e de fato são, em sua maioria, ofertadas em apenas três anos, aligeirando, assim, o processo de reflexão necessário a uma prática pedagógica consciente e comprometida. Os cursos de licenciatura, cujo foco deveria sempre estar na adequada formação de futuros docentes, não poderiam perder de vista esse seu objetivo principal: o de qualificar adequadamente para o exercício do magistério.

A indicação CEE (Conselho Estadual de Educação) nº 78/2008, aprovada em 03/12/2008, ressalta que a expansão do acesso à educação básica e a exigência da LDB quanto à titulação de professores, todos com licenciatura plena até 2007, contribuíram "para estimular uma modalidade de ensino a que nossa cultura escolar não está habituada [...] a oferta cada vez maior de cursos a distância [...] que têm se multiplicado rapidamente, tornando cada vez mais necessária e urgente sua regulamentação e controle".

Os cursos a distância ainda carecem de regulamentação precisa; são ofertados com qualidade e eficiência bastante desiguais em todo o território nacional e os professores sentem-se absolutamente despreparados para essa empreitada. Todos sabemos o quão pouco se trabalha, nas licenciaturas em geral, a modalidade de ensino a distância, assim como a utilização das TIC (Tecnologias da Informação e da Comunicação), fatos irreversíveis que precisam ser encarados.

19

Educação básica

Mas há ainda outra questão que, ao refletirmos sobre os cursos formadores de professores, não pode ser deixada de lado: o importante aspecto da formação pela prática, que deveria ser oportunizada pelos estágios supervisionados, questão esta sistematicamente negligenciada por tais cursos. A legislação, entendendo sua importância formadora, garante o mínimo de 300 horas para o estágio supervisionado como atividade essencial à formação do futuro professor, no entanto, as próprias diretrizes curriculares dos diferentes cursos formadores diferem na importância dada a essa atividade. Assim vejamos: se tomarmos como exemplo as Diretrizes Curriculares Nacionais para os cursos de licenciatura em Matemática, no item "Estágio e Atividades Complementares", temos:

> No caso da licenciatura, o educador matemático deve ser capaz de tomar decisões, refletir sobre sua prática e ser criativo na ação pedagógica, reconhecendo a realidade em que se insere. *Mais do que isto, ele deve avançar para uma visão de que a ação prática é geradora de conhecimentos.* Nessa linha de abordagem, o estágio é essencial nos cursos de formação de professores, possibilitando desenvolver:
> a) *uma sequência de ações onde o aprendiz vai se tornando responsável por tarefas em ordem crescente de complexidade, tomando ciência dos processos formadores;*
> b) uma aprendizagem guiada por profissionais de competência reconhecida. (grifos nossos)

O texto denota uma compreensão do valor da capacitação pedagógica para o efetivo exercício da docência, com oportunidades de execução das tarefas inerentes ao futuro

A formação do professor

papel profissional. Salienta, ainda, a importância de se reconhecer que "a ação prática é geradora de conhecimentos", valorizando, portanto, os estágios supervisionados.

Já as Diretrizes Curriculares Nacionais para os cursos de Letras, no item "Conteúdos Curriculares", refere-se, somente de passagem à questão dos estágios:

> De forma integrada aos conteúdos caracterizadores básicos do curso de Letras, devem estar os conteúdos caracterizadores de formação profissional em Letras. Estes devem ser entendidos como toda e qualquer atividade acadêmica que constitua o processo de aquisição de competências e habilidades necessárias ao exercício da profissão, e incluem os estudos linguísticos e literários, práticas profissionalizantes, estudos complementares, *estágios*, seminários, congressos, projetos de pesquisa, de extensão e de docência, cursos sequenciais, de acordo com as diferentes propostas dos colegiados das IES e cursadas pelos estudantes. (grifo nosso)

A mesma Diretriz, no entanto, remete, no caso das licenciaturas, às Diretrizes para a Formação Inicial de Professores da Educação Básica em Cursos de Nível Superior. Essas Diretrizes deixam claro que tais cursos deverão ter uma preocupação constante com a futura prática e que tal preocupação deve ser de todos os docentes, e não se restringir apenas àqueles responsáveis pelo estágio, ressaltando, ainda, em seu artigo 13°, que o estágio obrigatório deve ser "realizado em escola de educação básica, e respeitado o regime de colaboração entre os sistemas de ensino, deve ter início desde o primeiro ano e ser avaliado conjuntamente pela escola formadora e a escola campo de estágio".

Educação básica

Ora, sabemos bem o quanto é raro esse desejável intercâmbio entre escola formadora e escola campo de estágio. Raramente a segunda é ouvida pela primeira e os objetivos da educação básica passam ao largo das atividades requeridas ao estagiário – quase sempre restrito à ação de observação, muito mais do que à prática efetiva.

O que, de fato, observa-se é que os estágios supervisionados, rica oportunidade na formação de professores, nem sempre são compreendidos como tal. Pouco ou nada se reflete acerca das observações feitas durante as horas estagiadas. Deixa-se de lado, num subaproveitamento da atividade de estágio supervisionado, o que poderia ser a base de uma ação reflexivo-crítica para que se supervisione muito mais as horas cumpridas do que as ações que de fato se realizaram e/ou presenciaram na escola campo de estágio.

Para Aguerrondo (2009: 363), a competência profissional do professor não se sustenta apenas no conhecimento científico que as ciências da educação podem lhe dar, mas o saber prático, "o saber da experiência" deve estar integrado ao conhecimento acadêmico.

Mas o que seria, então, o preparar para o exercício adequado da docência?

A formação de professores é, indubitavelmente, dentre as tarefas da universidade, uma das mais nobres ainda que, nos dias atuais, pouco valorizada no meio acadêmico. Formar para a docência significa formar aqueles que, por escolha profissional, formarão as novas gerações que à escola recorrerem.

No Brasil de hoje, quando a profissão de professor está bastante desvalorizada, cabe aos cursos de licenciatura – e

A formação do professor

a seus professores – não deixar que vocações esmoreçam e talentos sejam desperdiçados.

Os cursos de licenciatura, para formarem adequadamente professores para a educação infantil e básica, deverão preocupar-se com alguns aspectos, procurando atingir os objetivos traçados para o curso em questão.

Um primeiro aspecto é o da competência técnica, o conhecimento, em profundidade, do campo da área específica com a qual se vai trabalhar. A todo professor se exige o domínio dos conteúdos com os quais trabalhará e essa base deverá ser inicialmente construída ao longo do curso de graduação e, posteriormente, durante a vida profissional que irá requerer constante atualização.

O segundo aspecto a ser mencionado é o da competência pedagógica: o desempenho comprometido da função docente e o domínio adequado de métodos e técnicas que facilitem o processo de aprendizagem de cada aluno. Não basta saber. É preciso saber transmitir. É necessário despertar, acompanhar, formar.

O terceiro aspecto a ser ressaltado é o da competência científica, a capacidade de gerar produção científica. O professor deverá ser capaz de produzir, ele mesmo, novos caminhos didático-pedagógicos para a sua atuação em sala de aula e gerar conhecimento científico, relacionando teoria e prática e relatando essa mesma prática para que outros possam usufruir de suas experiências bem-sucedidas. Somente esse professor curioso, que também pesquisa, poderá aguçar a curiosidade de seus alunos para que eles, da mesma forma,

Educação básica

possam caminhar no conhecimento do mais recente, para seguirem na busca do novo.

Um derradeiro aspecto, igualmente importante, é o da competência ético-política, no sentido do comprometimento com o ato de educar, formando o indivíduo para o adequado exercício ético da futura profissão e para o exercício igualmente ético da cidadania. Compromisso que, segundo Paulo Freire (1983: 15), "seria uma palavra oca, uma abstração, se não envolvesse a decisão lúcida e profunda de quem o assume. Se não se desse no plano do concreto", na intenção de refletir sobre a realidade para sobre ela agir, modificando-a para melhor.

> A docência lida com um dos aspectos mais delicados do ser humano, o caráter. O professor age junto dos alunos por forma a que eles adquiram hábitos, costumes, valores. Por forma a que fortaleçam o caráter, se tornem pessoas que orientem a sua vida para o bem. A educação é um dos fatores de formação da consciência moral, que se pretende autônoma e livre. (Silva, 1997: 163)

A FORMAÇÃO CONTINUADA PARA A EDUCAÇÃO BÁSICA

A formação continuada dos professores, como a de qualquer profissional, é uma necessidade cada vez mais imprescindível diante da velocidade da produção de novos conhecimentos e de sua disseminação.

Por outro lado, como bem nos alerta Paulo Freire, toda formação é permanente. "Não existe formação momen-

A formação do professor

tânea, formação do começo, formação do fim de carreira. Nada disso. Formação é uma experiência permanente, que não para nunca" (Freire, 2001: 245).

A formação continuada, também denominada educação permanente, traduz-se num esforço tanto pessoal, por parte do professor que busca melhorar a sua atuação profissional, como num esforço institucional, por parte do grupo gestor da escola, preocupado em favorecer a melhoria da qualidade da educação oferecida naquele espaço.

Em termos ideais, teríamos, de um lado, um grupo de professores ávidos por aprender sempre mais e, do outro lado, uma escola realmente preocupada em investir na qualidade de seus recursos humanos. Em termos reais, no entanto, o que se vê são alguns professores buscando, a custa de seu próprio investimento pessoal e material, o aperfeiçoamento necessário à atualização de seus conhecimentos e algumas escolas buscando ofertar a seus docentes algum tipo de formação continuada.

Muitas vezes, no entanto, o que se oferece ao professor são capacitações que não correspondem a seu real interesse ou necessidade, esvaziando de sentido um processo que deveria ser muito mais efetivo. Esse fato é mais grave nas redes de ensino excessivamente centralizadas, que não têm o hábito de consultar suas unidades de ensino sobre as prioridades.

É, no entanto, da responsabilidade do empregador, seja ele o poder público ou o empresário do setor privado, promover oportunidades de atualização a seus professores. É preciso que todos se conscientizem da necessidade de investir tempo, esforço e aportes financeiros em programas voltados para a capacitação e desenvolvimento de seus recursos

25

Educação básica

humanos, como um caminho natural para que seja atingida a qualidade da educação que se deseja (e de que se precisa).

Mas para que todos os esforços não sejam anulados, quando colocados em prática, é preciso cuidar da sensibilização do corpo docente, necessária para que haja uma efetiva mobilização no sentido de um real engajamento ao processo de capacitação proposto. Sensibilização e mobilização – nunca coerção, ou os objetivos propostos fracassarão, caindo todos por terra.

Nos programas de educação continuada para docentes, deve-se dedicar especial atenção ao processo de interação que venha a ocorrer entre os componentes de um determinado grupo de professores, porquanto tais programas constituem espaços nos quais os professores em capacitação trocam suas experiências, criam uma sempre renovada rede de contatos com os colegas de diversas disciplinas ou níveis e podem efetivar a prospecção de novas possibilidades para o trabalho pedagógico que desenvolvem.

Um caminho possível e bastante frutífero, ainda que pouco usual, é o da criação de um espaço que possibilite aos docentes a reflexão a respeito de sua própria prática pedagógica em cotejo com o campo teórico, visando, com isso, a melhoria da didática dos cursos e, principalmente, a circulação de boas soluções por alguns conseguidas e que, uma vez divulgadas, colaborarão na solução de problemas comuns ao grupo de professores.

Segundo Moura (2004: 276),

> [...] a formação do professor é um movimento de compreensão das ações e dos modos de ação na atividade co-

A formação do professor

letiva. O professor deve tomar consciência de que a ação promove mudanças, perceber que as suas ações também promovem mudanças [...].

O confronto entre teoria e prática pode e deve ser o "bom" confronto, dialeticamente estabelecido. Se estamos discutindo a formação em serviço de professores, não podemos deixar de lado o fato de que,

> [...] em educação, teoria e prática se alimentam mutuamente num processo de revisão e reforço contínuos, de tal forma que a teoria educacional não tem sentido sem a prática, e esta não só aponta para a sua aplicabilidade, como aponta os caminhos a serem pesquisados em busca de soluções para novos problemas, trazidos pelo cotidiano docente e que possibilitarão o afloramento de novas teorias. (Vasconcelos, 2001: 12)

Ao professor, falta o hábito do registro de suas experiências positivas e, ao menosprezar sua experiência prática, esse profissional diminui o valor de seu fazer pedagógico que, com base em conhecimentos anteriormente adquiridos, poderia servir de pavimento para a busca da almejada qualidade educacional. E por que isso ocorre? Na grande maioria das vezes, por modéstia; por não avaliar corretamente o quanto a sua experiência poderia ser útil a outros que, como ele, enfrentam o dia a dia, nem sempre fácil, do fazer pedagógico.

É preciso, também, estimular o professor a conhecer melhor, criticamente, a realidade da escola onde atua. Segundo Marcondes e Tura (2004: 197), "[...] o conhecimento da realidade escolar, por meio da pesquisa, levanta questionamentos

27

Educação básica

que podem servir de ponto de partida para uma ação pedagógica mais crítica e comprometida com um ensino de qualidade [...]". Mas, para isso, é fundamental a maturidade da equipe escolar para saber ouvir críticas sem tomá-las como pessoais e é necessário, também, dar liberdade para que cada escola analise criticamente sua realidade e escolha seu caminho.

O que não podemos deixar de lado, no entanto, sob pena de vermos fracassar todos os esforços empreendidos, é a experiência vivida pelos docentes que integram determinado grupo. O planejamento de qualquer atividade, voltada para a atualização/capacitação de docentes já experientes e em serviço, deve levar em conta a bagagem de experiências trazida por todos esses profissionais. Afinal, todos certamente terão experiências positivas a relatar e outras não tão positivas, mas para as quais sempre haverá interesse em buscar alternativas não pensadas, caminhos não vislumbrados.

Desse modo, o plano de ensino das atividades de formação continuada de professores deve ser aberto, participativo, ou seja, um plano de atividades que necessariamente requer cuidadoso planejamento prévio, mas que não será entregue fechado, completo, e abrigará sugestões, desde que pertinentes, dadas pelo grupo de professores, que não terão, assim, suas expectativas frustradas.

Maria Helena Cavaco, em artigo intitulado "Ofício do professor: o tempo e as mudanças" (1995: 176-7), chama a nossa atenção para a diversidade existente de escolas e de professores. Se por um lado, em algumas escolas, vive-se um ambiente acrítico, burocratizado, rotineiro, pleno de mesmice, com pouca criatividade e quase nenhuma inovação, por outro lado, em outras escolas, o ambiente acolhedor, esti-

A formação do professor

mulante e permeado de diálogo propicia o desabrochar de grupos nucleares de docentes – críticos e criativos – dispostos a atualizar os saberes, a buscar novos e diversificados caminhos metodológicos, a ousar inovações e a produzir novos conhecimentos.

A mesma autora ressalva, no entanto, que essa dicotomia – escolas boas *versus* escolas ruins – é reducionista diante da rica diversidade do real.

> Numa escola há sempre outras escolas, grupos diferentes que interatuam, projetos pessoais e coletivos que se cruzam, dinâmicas exteriores que se projetam no cotidiano, processos onde se tecem regras de relacionamento que importa clarificar, esclarecer e aprofundar, no sentido de apropriação das explicações dos acontecimentos e de intervenção esclarecida na mudança. (Cavaco, 1995: 177)

A profissão de professor

Mas, afinal, que profissional é este do qual estamos falando? Que profissional é este de quem tanto se exige e a quem tantas (e tão difíceis) responsabilidades são imputadas?

Paralelamente ao processo de aligeiramento dos cursos de formação de professores, acontece um outro processo, perverso e insistente, de desvalorização desses profissionais.

A educação deveria ter a precedência sobre todos os aspectos da vida social, pois constitui a base a partir da qual os outros se alicerçam. No entanto, a educação brasileira não vai bem. Em avaliações nacionais, como o Saeb (Sistema de Avaliação da Educação Básica), ou nas internacionais, como

29

Educação básica

o Pisa (Programme for International Student Assessment/ Programa Internacional de Avaliação de Alunos), o Brasil sempre se encontra posicionado nas últimas colocações, refletindo, nessa marca de incompetência, o verdadeiro descaso com o qual, historicamente, vêm sendo tratadas as questões educacionais em nosso país.

Considerando as diferenças regionais e as múltiplas necessidades de um país com a dimensão do Brasil, certamente medidas urgentes e corajosas são necessárias para que o direito à educação seja respeitado e se desenvolvam políticas públicas focadas na qualidade a ser obtida, de forma que haja a concretização dos direitos garantidos pela norma constitucional.

Para se discutir a educação brasileira, é necessário enfrentar a realidade de alunos que convivem com frequentes suspensões de aulas (o absenteísmo docente é um dado de realidade muito preocupante), com o estado precário das instalações físicas das escolas (e não só das públicas!), com a dificuldade de acesso à unidade escolar e com a ineficácia do currículo. É necessário compreender que os investimentos em educação, por parte do poder público, nem sempre são suficientes e, muitas vezes, são mal empregados.

Mas é necessário, ainda, enfrentar a situação dos professores que integram as diferentes redes de ensino e sobrevivem com uma remuneração abaixo da importância e responsabilidade de seu papel profissional e muito aquém de um piso salarial que seja minimamente aceitável e digno.

Precisamos, portanto, encarar o fato de que a educação brasileira não vai bem.

Se pensarmos em termos da educação nacional, não podemos deixar de observar que, assim como as necessidades

A formação do professor

locais diferem entre si, há uma significativa diferença entre o aluno e o professor que estão na escola em um pequeno município do interior do Norte ou do Nordeste e aqueles que frequentam ou atuam na escola pública do estado de São Paulo ou do Rio Grande do Sul, assim como são igualmente diferentes os alunos da periferia de uma grande metrópole e os alunos de uma pequena cidade do interior do estado. Todos os casos merecem atenção, no sentido de que todas as crianças e jovens têm o mesmo direito de alcançar um patamar digno para a inserção no mundo do trabalho, no mundo cultural e tecnológico, além de terem o direito de usufruir dos bens e equipamentos sociais, materiais e culturais, exercendo plenamente a cidadania e a possibilidade de participação política.

Não deixam de ser louváveis todas as iniciativas de avaliação implementadas pelos governos federal, estaduais e/ou municipais, mas não podemos perder de vista que toda avaliação deve servir para a posterior tomada de decisões e correção de rumos no currículo e na ação escolar, com vistas ao avanço qualitativo nos resultados de desempenho dos alunos. Como se dará esse aproveitamento de indicadores, sem o qual o investimento feito na realização das provas torna-se inócuo? Dar sentido e significado à avaliação supõe mais do que a correta interpretação de seus resultados. O processo de qualificação da avaliação supõe a articulação de recursos para a formação de professores, o monitoramento das intervenções necessárias ao aprimoramento do processo de ensino-aprendizagem e para dotar de infraestrutura adequada os espaços escolares.

31

Educação básica

O processo educativo envolve uma malha de ações colaborativas e interdependentes que abarcam diferentes atores – internos e externos – com responsabilidades distintas, mas todas indispensáveis. Falamos de professores, mas também pressupomos a ação de gestores, pessoal técnico e administrativo, pessoal de apoio, família, além da ação necessária do poder público em seus diversos níveis, todos com responsabilidades no tocante às políticas educacionais. Daí não se poder centrar na figura exclusiva do professor todas as críticas a serem feitas à qualidade da educação nacional.

Ainda que as figuras centrais do processo de ensino-aprendizagem sejam alunos e professores – cabendo a estes a tarefa diária de encaminhar as ações da educação formal –, todos os diversos profissionais da escola são parte integrante e importante desse mesmo processo. Além disso, as condições para que o trabalho docente possa ocorrer com eficiência e eficácia dependem da integração dessa equipe, em torno dos objetivos educacionais que devem ser únicos e por todos buscados.

No entanto, quando se tem um problema de tão vastas proporções para solucionar, é preciso eleger um rol de prioridades, para que se possa, efetivamente, buscar alternativas de ação em busca de soluções, ainda que sejam esses caminhos todos acidentados e de longo prazo. Diante da grandeza do problema, qualquer caminho parece insuficiente. Decidir, entretanto, é necessário, e centrar esforços na melhoria da formação de professores parece-nos um passo urgente que precisa ser imediatamente dado.

A formação do professor

O TEMA EM DEBATE

Maria da Graça Mizukami, pedagoga com doutorado em Ciências Humanas, é referência na área de educação. Sua atuação tem enfatizado principalmente o desenvolvimento profissional continuado de professores e suas práticas pedagógicas.

ML: Quando se discute a educação brasileira, cita-se um emaranhado de problemas, uma verdadeira meada sem ponta. Um dos principais, certamente, é o "apressamento" da formação de professores. Gostaria de começar esta nossa conversa ouvindo sua opinião a respeito do como se está formando o professor no país hoje e também se você considera esta questão fundamental para desenrolarmos essa meada.

MG: Essa é uma questão muito difícil. De fato, a formação de professores é um foco muito importante, mas não dá para pegar apenas a formação como ponto de partida. Eu acho que as políticas têm que, pelo menos, tentar contemplar algumas variáveis importantes: a escola, condições objetivas de trabalho, carreira e, também, a formação. Para esta nossa conversa vou trazer o que a literatura diz, mas quero trazer, igualmente, o que a minha experiência diz em termos de formação de professores.

A tendência que temos vivido é a de inúmeras reformas às quais as instituições procuram se adequar. Na prática, há muitos níveis de tradução das políticas públicas. Quando elas chegam à sala de aula, já estão praticamente em forma de receituário para os professores. E os professores não têm repertório, em geral, para, a partir daquele receituário, chegar aos fundamentos daquelas novas propostas. Então, a política pública, por mais interessante que seja do ponto de vista teórico, sofre toda uma transformação até chegar à escola. Exemplo claro disso é a progressão continuada, que, equivocadamente, chega ao professor assim: *"Não é para reprovar o aluno, não é para corrigir o erro, cada um tem seu ritmo, então, o professor também não deve interferir."* O professor, inseguro, se pergunta se, ao deixar o aluno seguir em frente, estará, de fato, auxiliando-o em seu amadurecimento e na construção do conhecimento. Só que ninguém sabe o que é esse "construir conhecimento"! Se você deixa a criança por conta própria, não estará indo contra a própria natureza da escola, que é a de possibilitar condições de acesso ao conhecimento sistematizado? Portanto, nessa questão específica, a da progressão continuada, temos dois lados: o da criança, que não está aprendendo, e o do professor, que não se sente preparado para trabalhar essa nova proposta.

ML: Esta é uma questão que eu gostaria que você explorasse um pouco mais. Toda boa ideia, quando não bem implementada, pode se transformar numa péssima ideia! No caso específico da progressão continuada, o que faltou? Porque ela tem aspectos positivos, como, por exemplo, afastar a figura do multirrepetente, uma perversidade em termos educacionais. E ela também diminuiu consideravelmente a evasão porque corrigiu o fluxo. Então, a progressão continuada tem aspectos muito positivos. Faltou preparar melhor o professor, e também a escola, para essa mudança? Faltou intensificar, ainda mais, o reforço paralelo?

A formação do professor

MG: Você tem uma categoria profissional, formada de uma determinada maneira, em uma determinada cultura – a cultura da docência –, que estudou numa outra sistemática e foi exposta a modelos outros, de como ensinar, de como aprender. Todos esses professores têm uma trajetória numa determinada direção e a mudança nunca é simples.

Hoje, a literatura sobre formação de professores já se constitui num campo de investigação e, nesses últimos trinta anos, a gente tem visto tanto pesquisa básica quanto pesquisa aplicada de peso na área. E o que essas pesquisas estão mostrando é que esses modelos, aos quais os professores foram expostos ao longo do processo de escolarização, têm uma força muito grande na configuração de práticas pedagógicas. As crenças, os valores, as teorias pessoais também têm um peso bastante grande na configuração das práticas pedagógicas. As políticas vêm como um elemento externo. E demora muito trabalhar com professor em termos de crença, sentimento, valor, até de verbalização das teorias tácitas deles, demora muito tempo em termos de formação continuada e, enquanto esse professor não entender que a mudança proposta, de fato, vai ao encontro do processo de ensinar e de aprender, ele será resistente.

Outra questão é como essas mudanças chegam à escola. Constantemente, elas vêm com um formato e uma linguagem muito complicados, distantes da realidade de sala de aula. Veja bem, eu não estou falando que é preciso simplificar a linguagem para os professores, mas ela não tem que ser a linguagem da academia.

Participei, como docente da Universidade Federal de São Carlos, por sete anos, de um programa, financiado pela Fapesp, que atendia à solicitação de uma escola pública de

35

Educação básica

ensino fundamental, com alunos de 1ª a 4ª séries. Éramos uma equipe de seis pesquisadores da universidade e mais uns dez especialistas de diferentes componentes curriculares. A grande vantagem dessa experiência é que os dois mundos foram unidos: a academia e a escola de educação básica. Nós das universidades temos o grave defeito de não considerar as escolas coformadoras do futuro professor e nem do professor em exercício. Então, a universidade funciona numa direção e as escolas funcionam em outra. Caminhamos em paralelo. Esse programa foi interessante porque aproximou as duas visões, as duas formas de entender o que está acontecendo na escola.

Entretanto, foi preciso um tempo bastante grande para construir uma linguagem comum, para que os professores não se sentissem ameaçados, justamente, no que eles têm de melhor, que é a sua sabedoria docente. Não dá para impor ao professor novas ações didático-pedagógicas. Não dá para dizer que tudo o que ele faz está errado. Há que se buscar outras formas, outras experiências, outras estratégias para convencê-lo. Fazer com que o professor tenha acesso a outras experiências para que ele próprio perceba que sua compreensão de determinado fenômeno ou era incompleta, ou era parcial, ou era equivocada. E é ele que tem que perceber, pois ninguém aprende pelo outro.

Por outro lado, lidamos com micropoderes na escola, com não sei quantas histórias diferentes e, quando chega uma proposta de inovação, a primeira manifestação ali é a de recusa. É recusa porque vai dar mais trabalho, é recusa porque ninguém quer sair de sua zona de conforto.

Outro fator, a ser aqui comentado, é que o professor, em geral, não partilha nem o sucesso, nem o fracasso. Ele não comunica o sucesso, temendo ser mal compreendido nessa comunicação, e o fracasso porque o torna vulnerável. A escola, por sua vez, também não costuma contabilizar o sucesso do professor e não socializa nem as experiências boas, nem as experiências ruins. A escola fica muito mais na execução do que na compreensão do que está acontecendo dentro dela, e isso é uma tradição escolar nossa. Não estou aqui nem afirmando ser esta uma atitude ruim ou boa, mas insisto que ela precisa ser compreendida para que se possa começar a mexer nesse mundo.

Há ainda mais um elemento na formação do professor, quanto a sua atuação em sala de aula, que preciso destacar: o domínio do conteúdo específico. Estamos tendo um problema muito sério em termos de domínio de conteúdo, tanto nos cursos de formação básica quanto nos de continuada. A formação está cada vez mais aligeirada e, então, acabamos por transformar esse professor em culpado, quando ele é, na verdade, vítima. Mas precisamos entender esse professor. Ver como a escola pode ser um local de aprendizagem para esse professor, auxiliá-lo a superar seus problemas, oferecendo-lhe situações para o seu desenvolvimento.

ML: Essa falta de diálogo da universidade com a escola de educação básica não poderia ser minimizada se os estágios fossem revistos?

MG: Sim, mas, hoje, o professor que aceita o estagiário é só "bonzinho" porque ele abre a sua classe e nem sabe o que o estagiário vai falar dele! Muitas vezes, ele não tem a menor ideia do que o estagiário está observando, de como ele vai interpretar o observado. No entanto, se esse professor trabalhasse junto com a equipe formadora da universidade, essa experiência didática do estágio teria outro sentido para ambos os lados, pois todos nós estamos aprendendo a dar aulas até hoje.

ML: Isso seria um ganho em termos de formação continuada para o professor na sala de aula e de formação inicial para o jovem estagiário. Quer dizer, perdemos boas oportunidades também. Temos a tendência de continuar trabalhando em cima do já conhecido, do que já se viveu, mas é passado.

MG: Sem dúvida! E há, ainda, outro aspecto que eu gostaria de comentar. Hoje, neste tempo de mudanças, as crianças ouvem e veem mais do que leem. São traços da contemporaneidade. No entanto, independentemente disso, os alunos precisam estudar porque ninguém aprende sem estudar. Quando um professor não domina a área dele, não domina como o conhecimento de sua área foi construído historicamente, ele também não terá condição de entender a pergunta do aluno e nem o erro que o aluno faz.

A formação inicial passa para os futuros professores uma série de jargões da área pedagógica: construir o conhecimento, respeitar o repertório do aluno etc. Entretanto, o que cada um está, efetivamente, entendendo por construir o conhecimento ou respeitar o repertório do aluno é muito complicado. Se você perguntar, numa classe de setenta alunos, como eram as aulas que cada um tinha, serão setenta respostas diferentes. Somem-se a isso os equívocos de interpretação. Veja como se traduziu Emilia Ferrero, em termos de corrigir ou não corrigir o erro do aluno. Seu método ficou reduzido a isso: corrigir ou não corrigir; rabiscar o caderno

A formação do professor

ou não o rabiscar; se o método é silábico ou se não é silábico, essas coisas mais pontuais, descontextualizadas. E fica um receituário meio Frankenstein, que une a velha prática dos professores ao que está sendo proposto a eles. Voltando ao programa da UFSCar, aquela foi uma rara oportunidade para pensarmos no profissional que estávamos formando. Foi quando saímos da universidade para viver a prática cotidiana da escola.

ML: Porque, no dia a dia da sala de aula, a prática tem um espaço mais privilegiado do que a teoria, ainda que todos saibam que a prática não pode prescindir do conhecimento teórico.

MG: Mas aí é que fica contraditório, porque a teoria deveria valorizar a prática. Se a gente for pensar em todos os referenciais que têm norteado as reformas no ensino superior, todos eles mudaram bastante em termos de valorização da prática. Só que, também, é preciso entender o que é essa prática na formação, porque não se pode separar uma coisa da outra e deixar que o aluno faça a síntese por si só. E essa prática não é ativismo. Então, essa relação teoria e prática tem que estar sólida. Uma determinada atividade por si só não garante nada. A tecnologia não garante nada, o método também não. A mediação do professor é que vai garantir sua validade, mas se essa mediação for competente, no sentido de realizar sínteses contínuas que alimentem teoria e prática.

Maria da Graça Nicoletti Mizukami é pedagoga pela Universidade Estadual Paulista Júlio de Mesquita Filho;

Educação básica

mestre em Educação e doutora em Ciências Humanas, pela PUC-RJ. É professora titular pela Universidade Federal de São Carlos, onde também atua como professora colaboradora do Programa de Pós-Graduação em Educação, além de professora do Programa de Pós-Graduação em Educação, Arte e História da Cultura da Universidade Presbiteriana Mackenzie. Tem experiência na área de educação, com ênfase em formação de professores, atuando principalmente nos seguintes temas: base de conhecimento para o ensino, desenvolvimento profissional da docência, aprendizagem profissional da docência, práticas pedagógicas e casos de ensino. Publicou diversos artigos e livros na área.

NOTAS

[1] O texto legal deixa claro que a formação deve se dar em nível superior, apenas admitindo o curso Normal, modalidade de ensino médio não mais ofertada.

[2] Caso mais frequente em disciplinas como Física, Química, Artes e Inglês (Dados de 2007 – INEP/MEC).

O EXERCÍCIO
DA AUTORIDADE DOCENTE

> A liberdade sem limite é tão negada quanto a liberdade asfixiada ou castrada. O grande problema que se coloca ao educador ou à educadora de opção democrática é como trabalhar no sentido de fazer possível que a necessidade do limite seja assumida eticamente pela liberdade [...].
>
> Paulo Freire (1997:105)

A escola, palco da educação formal, proporciona múltiplas possibilidades de interação entre seus componentes. Interação aluno–aluno, professor–aluno, professor–professor, pais–professores etc. No espaço sala de aula, cenário privilegiado onde se desenrola, efetivamente, o processo de ensino-aprendizagem, professor e aluno, em constante interação, são os dois atores centrais, protagonistas de uma cena em que não há coadjuvantes.

Esses dois atores vivenciam a interação no sentido dado por Goffman, trazido por Charadeau e Maingueneau (apud 2004: 281-4), em seu dicionário, como a

> [...] influência recíproca que os participantes exercem sobre suas ações respectivas quando estão em presença física

Educação básica

imediata uns dos outros; por uma interação entende-se o conjunto da interação que se produz em uma ocasião qualquer, quando os membros de um conjunto dado encontram-se em presença contínua uns com os outros [...].

Para Lakatos e Marconi (1999: 87), a interação "[...] é a ação social, mutuamente orientada, de dois ou mais indivíduos em contato. Distingue-se da mera interestimulação em virtude de envolver significados e expectativas em relação às ações de outras pessoas. [...] *é a reciprocidade de ações sociais*" (grifo nosso).

A interação está na base das relações humanas, assim como no alicerce da formação da identidade de cada indivíduo, na medida em que ele se percebe, influenciado pela percepção que dele tenham.

Tal interação – a de professor-aluno – dá-se por conta do exercício desses dois papéis sociais, ambos fundamentais para a ação educativa. Tais papéis são complementares e estruturam-se um a partir do outro, porque a existência de um é condicionante da existência do outro; as ações de um são orientadas pelas (re)ações do outro.

Lakatos e Marconi (1999: 356) definem papel social como o padrão de comportamento esperado e exigido de pessoas que ocupem determinada posição no grupo social ao qual pertencem.

Os indivíduos, ao assumirem determinados papéis sociais, assumem também comportamentos que são inerentes a esses mesmos papéis. Ainda que determinados comportamentos sejam socialmente esperados e, portanto, aprovados, há, no entanto, certa dose de liberdade nesse desempenho

O *exercício da autoridade docente*

e, assim, cada indivíduo acaba por imprimir sua "marca" ao desempenhar os muitos e múltiplos papéis que lhe são atribuídos ao longo da vida, nas mais diferentes situações.

> As expectativas dos outros, baseadas em normas socialmente aprovadas, determinam a maneira pela qual cada um deve desempenhar seu papel; entretanto, existe certa amplitude nessa determinação, permitindo variações individuais. (Lakatos e Marconi, 1999: 105)

Todo papel social e, em decorrência, todo papel profissional são compostos, portanto, por uma série de características previamente requeridas àqueles que o desempenham além de outros tantos traços imprimidos pelo caráter individual de cada ator social.

Paradoxalmente, o educador democrático, ao mesmo tempo que segue as normas institucionais, norteadoras da conduta tanto dele próprio como de seus alunos, num procedimento claramente conservador, espera (e busca) que seu aluno venha a assumir-se como sujeito autônomo de seu processo de crescimento e aprendizagem, que seja crítico em relação aos conteúdos que lhe são apresentados, que seja, enfim, capaz de inovar, inserindo-se de maneira peculiar e comprometida na rotina de seu universo social.

Dessa forma, ainda que o exercício dos papéis de professor e de aluno seja mútua e simultaneamente controlado – na medida em que o próprio espaço institucional, suas normas e regulamentos já indiquem que seja esperado todo um conjunto de ações específicas e particulares para aquele grupo social –, essa relação prevê uma interação equilibrada

43

Educação básica

em que sujeitos, pelo diálogo, devem buscar a construção de uma educação para a autonomia.

No entanto, para que as ações educativas se desenrolem a contento e para que os objetivos educacionais tornem-se viáveis para todos os sujeitos dessa mesma ação, cabem ao professor algumas tarefas específicas e alguns cuidados necessariamente tomados para evitar que o processo venha a se perder pela falta de clareza dos caminhos a serem percorridos.

AUTORIDADE E DOCÊNCIA

Um dos traços constitutivos da identidade profissional de professor é a maneira pela qual ele exerce a autoridade que seu papel social lhe confere. O modo como cada docente lida, diuturnamente, com o fato de que a liderança em sala de aula deve ser sua, será fator facilitador (ou não) de seu próprio e adequado desempenho profissional.

O conceito de autoridade, apesar de ter forte vinculação com o poder político, aplica-se, igualmente, a outras formas do relacionamento humano e, apesar de serem conceitos estreitamente ligados, autoridade e poder são termos distintos.

Hopkins (1966: 69), ao discutir autoridade, utiliza-se do conceito de "legitimação", definindo-o a partir do grupo que aceita a ação e a função de determinada autoridade. Para ele, "um sistema de autoridade é apenas um aspecto abstraído de algum sistema social concreto. A significação principal desse enraizamento é a 'legitimação' do sistema de autoridade" que é conferida pelo grupo social, que compartilha valores instituídos e normas definidoras dos diferentes papéis.

Assim é apresentado o verbete "autoridade" na Enciclopédia Digital 2003:

> [...] a ideia de autoridade pode ser resumida como um poder fortemente estabelecido, legítimo e limitado. É poder porque influencia o comportamento dos outros, e forte porque é capaz de impor-se quando questionada. É legítima porque suas qualidades são tidas como verdadeiras e dignas de confiança. É limitada porque estas qualidades que lhe conferem legitimidade só são aceitas em contextos específicos, de acordo com os papéis envolvidos.

Segundo Stoppino (2000), apesar de ser comumente enfatizada a relação existente entre autoridade e poder, esta tem sido também interpretada como uma espécie do gênero "poder" ou, então, como fonte de poder, uma vez que seu exercício é "unidirecional e a medida de sua eficiência é dada pelo grau de consentimento com as normas formais do grupo ou com a interpretação [que a elas é dada]" (Hopkins, 1966: 71).

O adequado exercício da autoridade, sendo ele fruto de um processo relacional, exige envolvimento e aceitação por parte do outro, ou seja, por parte do grupo sobre o qual ela é exercida. É necessário, portanto, que se respeite, como em qualquer outra relação, os limites socialmente impostos e aceitos pelo grupo.

> O problema filosófico da autoridade diz respeito à sua justificação, isto é, o fundamento sobre o qual pode apoiar-se sua validade. Podem-se distinguir as seguintes

> doutrinas fundamentais: 1ª o fundamento da autoridade é
> a natureza; 2ª o fundamento da autoridade é a divindade;
> 3ª o fundamento da autoridade são os homens, isto é, o
> consenso daqueles mesmos sobre os quais ela é exercida.
> (Abbagnano, 2000: 28)

Ou, pode-se dizer com Weber (1982: 99), que a autoridade exige obediência, e o medo e a esperança são os motivadores para que os indivíduos acatem a obediência. Esta, por sua vez, pode tanto advir do medo ou da passividade como pode ser resultado da vontade própria que dá legitimidade àquele que, nas relações que se estabelecem no convívio social, exerce funções de comando.

Na Antiguidade Clássica de Platão e Aristóteles, a autoridade recaía sobre os melhores − os filósofos −, a quem a natureza já escolhia como os melhores. É um ponto de vista aristocrático que deixa claro que uns poucos nascem para mandar (e esses devem ser educados para tal) e os demais, pela natureza, não dotados de virtudes políticas, devem tão somente obedecer.

Assim, o que o grupo social dominante deseja, em nome de uma pretensa estabilidade, é a garantia da permanência de uma oligarquia hierárquica já existente, com seus postos e respectivos privilégios preservados, ainda que de maneira socialmente desigual e, portanto, nada democrática.

Ao longo do tempo, sempre que, na história da humanidade, se pretendeu exercer pela força a autoridade, a teoria de que "nem todos são iguais" prevaleceu, justificando as mais variadas atitudes ilegítimas de discriminação e a permanência de déspotas no poder. A própria crença exagerada

O exercício da autoridade docente

na legitimidade de determinada autoridade pode, ao conceder-lhe excessivo poder, gerar violência, autoritarismo, com base numa estrutura marcadamente hierárquica, coercitiva e segregadora.

Trazida esta discussão para o ponto de vista da análise do discurso, uma vez que é a fala o primeiro recurso do qual lança mão o professor, vê-se que a autoridade relaciona-se à enunciação. A legitimidade de um discurso, no caso o do professor, somente lhe será conferida por sua aceitação e se aquele que o pronunciar tiver o reconhecimento e a legitimação do grupo social no qual esse sujeito se insere.

Em se tratando de autoridade docente, qual seria, então, o seu principal fundamento?

A tradição? Esta confere ao professor o *status* daquele que sabe e ensina. O conceito de autoridade está intimamente ligado ao conceito de tradição (que não significa, necessariamente, conservadorismo ou tendência à inação) e deve ser visto como tendência a se fazer segundo as regras, os costumes e as leis, previamente conhecidos, utilizando-se dos recursos, dos instrumentos e dos saberes já dominados e dos quais o grupo é depositário.

A instituição escolar – e consequentemente seus professores – é depositária da tradição do grupo social que a criou com a finalidade de assegurar o caminhar para o futuro, tendo o passado como lastro e referência, transmitindo o conhecimento e a cultura acumulados com o objetivo de, com base num processo de reflexão crítica, inovar com criatividade e competência.

Mas a autoridade docente pode também ter como fundamento principal a competência e o carisma desse mesmo

47

Educação básica

docente, ou seja, conhecimento técnico aliado a certos traços pessoais, insumos que lhe conferem a capacidade de envolver e cativar suas turmas.

Perrenoud (2000: 15) define competência não como um conjunto de saberes, mas como "[...] uma capacidade de mobilizar diversos recursos cognitivos para enfrentar um tipo de situações", e Rios (2000: 100) alerta que o conceito de competência vai-se construindo na prática, "[...] não é algo que se adquire de uma vez por todas, pois vamos nos tornando competentes".

O professor, para o exercício competente de sua função, deve cuidar de diferentes aspectos – todos eles igualmente necessários e importantes – de sua capacitação:

a) o da formação técnico-científica, que abrange o domínio, extenso e sempre atualizado, do conteúdo específico da disciplina lecionada, que deverá ser sempre questionada e recriada;

b) o da formação prática, no sentido de bem saber relacionar teoria (conhecimento teórico) e a vida prática, o mundo real, facilitando, assim, o processo de ensino-aprendizagem;

c) o da formação pedagógica, que vai além do "simples dar aula", que envolve o domínio de técnicas didáticas, de recursos tecnológicos, de conhecimentos metodológicos e também as múltiplas facetas constitutivas do planejamento de ensino e o comprometimento do professor com as questões educacionais mais amplas;

48

O exercício da autoridade docente

d) o da formação ética, que envolve a preocupação do professor com as questões sociais e políticas, que fatalmente condicionam o trabalho docente e a formação do corpo discente, envolvendo, também, o respeito que todo educador deve ter na relação com seu aluno.

Entretanto, a autoridade docente fundamenta-se, também, no respeito à hierarquia, que foi estabelecida em decorrência dos papéis institucionais, na escola normatizados pelo regimento escolar e demais regulamentos, que determinam, a docentes e alunos, os direitos e deveres de cada um, acabando por respaldar formalmente a autoridade do professor.

Os grupos sociais e, portanto, também a escola, para se organizarem, necessitam de normas, de regras, de códigos, que venham a colaborar para que tais grupos tenham suas ações coletivas e individuais norteadas. Daí, da própria sociedade organizada, surge, portanto, a autoridade como exigência para dar conformidade e representatividade às normas estabelecidas por um determinado grupo, normas essas que o instituíram e o mantêm e que, em última análise buscam o alcance de determinados objetivos, inerentes a esse grupamento social.

Assim, é no contexto da ação intencional dos indivíduos, que procuram o equilíbrio da ação conjunta convivendo no ambiente escolar, que o conceito de autoridade docente é construído.

Devemos, no entanto, sempre ter em mente que a autoridade do professor, para se efetivar, deverá, necessariamente, ser legitimada pelo grupo de alunos. Não se é autoridade

49

Educação básica

apenas porque se deseja ou porque a escola assim o determina. São incontáveis os casos de professores que, ainda que tolerados por seus alunos em função de seu papel profissional, são desrespeitados sob a alegação de incompetência ou irresponsabilidade. O professor terá que conquistar o espaço de liderança que a instituição, num primeiro momento, lhe conferiu.

Embora professores e alunos sejam sujeitos de uma mesma ação concreta e institucionalizada, permeada por regras, tradições, objetivos e ideologias, a figura do professor deve ser assinalada como aquela que imprime sentido a essa relação na qual um e outro ocupam lugares e papéis já demarcados, previamente determinados. O professor situa-se numa posição hierarquicamente superior, que lhe foi institucionalmente conferida e para a qual se preparou, que lhe garante o direito de falar, transmitindo conhecimentos previamente selecionados, passando, como verdadeiro, o saber científico, cultural e institucional.

Ressalte-se, porém, a crise de autoridade existente na maioria das instituições de ensino brasileiras. O professor nem sempre se dá conta de que a ele é conferido um tipo de autoridade, a autoridade docente, que é um dos aspectos integradores de seu papel profissional e que deve, portanto, ser exercida com segurança e sem receios.

Para o exercício adequado dessa competência, deverá o professor desenvolver sua habilidade de interagir com seus alunos, com seus pares, com os demais membros do núcleo escolar, com os pais de seus alunos e com a comunidade. "Sabemos que o ensino é, por definição, uma atividade relacional na qual o afetivo ocupa um papel mais que determinante. A dimensão interativa [do papel profissional do professor] refere-se à compreensão e à 'empatia' com o outro" (Aguerrondo, 2009: 370).

A forma, portanto, como cada docente planeja e desenvolve suas tarefas didático-pedagógicas lhe confere características profissionais específicas, assim como a maneira de exercer sua autoridade, no desempenho de suas atividades docentes, será fator que influenciará diretamente na qualidade de seu desempenho profissional.

Em trabalho anterior,[1] já alertava para os riscos que corre grande parte da geração atual de professores ao permitir – por temor da repetição do modelo autoritário de educação, sob o qual eles mesmos foram educados e repudiam – que a indisciplina e/ou o desinteresse se instalem em suas salas, prejudicando, assim, a produtividade do processo e a própria razão de ser do contexto da educação formal.

AUTORIDADE E AUTORITARISMO

Conhecer os limites de sua autoridade é tarefa necessária a todo professor. Tais limites devem ser rigorosamente obedecidos para que haja a coerência desejável ao bom desempenho docente, tornando os relacionamentos mais fáceis e, em decorrência, mais produtivos.

Sem cuidar dos limites mencionados, o professor poderá transformar-se em permissivo e omisso ou, por outro lado, cair no extremo do autoritarismo.

Educação básica

No primeiro caso, o do professor *laissez-faire*, as rédeas da ação educativa são deixadas ao acaso e aquele que se apresentar como liderança passará a exercê-la em detrimento dos objetivos didático-pedagógicos que, afinal, são a finalidade da ação escolar. Nesse caso específico, lideranças negativas sempre se apresentam, comprometendo irremediavelmente o trabalho do professor.

O professor democrático, por respeitar seu aluno, saberá ouvi-lo e, portanto, não será por reconhecer esse aluno como o sujeito de sua própria aprendizagem que deverá o professor negligenciar suas tarefas e deveres profissionais. Os alunos, ainda que complementem as ações em sala de aula, como o outro polo da ação educativa, têm expectativas com relação ao professor, emanadas do próprio papel profissional que este desempenha.

Em Vasconcelos e Brito (2009: 93), temos que, como preconizado por Paulo Freire, o educador que se pretenda democrático deverá exercer sua capacidade crítica, sendo condutor e sistematizador do processo de ensino-aprendizagem. Deverá estabelecer uma relação dialógica com o educando para exercitá-lo "na arte do raciocínio crítico, na observação apurada dos fatos e na organização e correção do pensamento". Esse educador será consciente de que ensinar é muito mais do que simplesmente transmitir conhecimentos – ainda que seja imprescindível trabalhar um dado conteúdo proposto – e procurará levar o aluno a (re)pensar reflexiva e criticamente a respeito do conteúdo aprendido.

O outro extremo dessa mesma situação é o autoritarismo, que Paulo Freire (2005: 89) define como uma for-

O exercício da autoridade docente

ma indisciplinada de comportamento, que rompe com a liberdade.

> O autoritarismo e a licenciosidade são rupturas do equilíbrio tenso entre autoridade e liberdade. O autoritarismo é a ruptura em favor da autoridade contra a liberdade e a licenciosidade, a ruptura em favor da liberdade contra a autoridade. Autoritarismo e licenciosidade são formas indisciplinadas de comportamento que negam [...] a vocação ontológica do ser humano.

É novamente Paulo Freire (1997: 118) quem afirma ser o grande dilema de todo educador de opção democrática a busca entre o limite e a liberdade. Segundo ele, quanto mais a liberdade assumir o limite como necessário, de mais autoridade ela se revestirá, pois são os limites que garantem a própria liberdade.

Em sala de aula, ao professor compete a organização das ações que ali irão se desenrolar. Tais ações deverão ser, por ele, previamente planejadas e seu ponto de partida deverá ser o aluno real com o qual irá trabalhar. Sem essa preocupação, o professor correrá o risco de programar um curso que não atinja o grupo de alunos, que se tornarão dispersivos, desinteressados e indisciplinados.

Por outro lado, é absolutamente necessário que professores não percam de vista suas próprias crenças no processo educacional do qual fazem parte, sendo um de seus principais artífices. Por que, afinal, educamos?

Em seu livro *Ação cultural para a liberdade*, Paulo Freire (1982: 42), ressalvando que "a experiência nos ensina que

Educação básica

nem todo óbvio é tão óbvio quanto parece", faz a seguinte afirmação: "[...] toda prática educativa envolve uma postura teórica por parte do educador. Esta postura, em si mesma, implica – às vezes mais, às vezes menos explicitamente – uma concepção de seres humanos e do mundo".

Do ponto de vista da educação democrática, libertadora e inclusiva, educar pressupõe o comprometimento do educador com o ato de ensinar e a clareza que este deve ter quanto à intencionalidade do ato educativo. "A relação entre a consciência do projeto proposto e o processo no qual se busca sua concretização é a base da ação planificada dos seres humanos, que implica em métodos, objetivos e opções de valor" (Freire, 1982: 43).

Em outras palavras, precisamos crer que a educação seja, apesar de todas as dificuldades que venhamos a enfrentar, um caminho de intervenção no mundo. Que nossos alunos serão beneficiados pela escola, adquirindo um olhar mais crítico acerca de sua própria realidade, e passem a compreender que o mundo que aí está, pleno de injustiças e exclusões, pode sim ser modificado.

Ora, que tipo de professor poderá, então, favorecer o necessário salto da consciência ingênua para a consciência crítica de seus alunos? Certamente não será o professor autoritário, que, em suas aulas, não abre espaço para a manifestação espontânea do alunado, para a análise individual, para a discordância em argumentos fundamentada e, principalmente, para a curiosidade claramente manifestada.

Um professor que tenha uma postura e um discurso eminentemente autoritário, fatalmente, inibirá a reflexão autên-

O exercício da autoridade docente

tica por parte de seus alunos, reflexão esta que deve girar em torno deles mesmos e de suas próprias relações com o mundo. Por outro lado, se seu posicionamento frente ao ato educativo for outro, mais democrático, o diálogo será uma constante e todas as possibilidades vislumbradas serão desveladas, não importando quantos ou quais serão os obstáculos, tomados mais como desafios do que como fatores imobilizadores.

O EXERCÍCIO ÉTICO DA AUTORIDADE

No Brasil, vivemos um momento histórico delicado no qual a ética está posta em xeque e as instituições político-sociais, especialmente criadas para nortear os limites dos comportamentos – individuais ou coletivos – a fim de que sejam considerados aceitáveis, também fraquejam, deixando a população sem respostas.

Referimo-nos às crises constantes que envolvem, por exemplo, Congresso, o Poder Judiciário, a gestão pública de um modo geral e que invadem o cotidiano da nação, trazidas pelos meios de comunicação. Referimo-nos, também, a uma característica marcadamente presente nesta sociedade do conhecimento, da comunicação, da informação: a excessiva publicização do privado. Indivíduos tornam públicas questões que, até bem pouco tempo atrás, eram de foro íntimo, restritas à vida privada; assim agindo, perde-se a noção do limite no dizer e no consequente fazer.

Os relacionamentos, portanto, atingem diferentes contornos nos quais os limites de ação, de intromissão e de le-

55

Educação básica

niência estão todos esfumaçados, sem a nitidez das sociedades mais simples. Tudo isso agravado pelo compartilhamento mundializado e instantâneo da informação, que apresenta para incorporação valores e culturas distintos, às vezes pouco conhecidos e mal sedimentados.

Para trazermos aqui a discussão da necessária presença da ética no exercício da docência, devemos retomar o desenho mesmo do papel profissional do professor, já que, neste capítulo, focalizamos a presença da autoridade como um dos elementos constitutivos desse mesmo papel e que estará, necessariamente, se articulando com os demais.

Se não duvidamos da intencionalidade do ato educativo e aceitamos a impossibilidade de uma educação neutra, concordaremos com Rios (1994) quando afirma que a educação envolve um *querer* político e uma missão histórica *consciente e consequente* na busca de ampliar a margem de *liberdade* dos indivíduos por ela envolvidos.

> Vontade, liberdade, consequência – conceitos que estão sem dúvida no terreno da ética-política. A articulação entre esses conceitos é que nos auxilia na busca da compreensão da competência do educador, pois constatamos que não basta levar em conta o *saber*, mas é preciso *querer*. E não adianta saber e querer se não se tem percepção do *dever* e se não se tem o *poder* para acionar os mecanismos de transformação no rumo da escola e da sociedade que é necessário construir. (Rios, 1994: 57; grifos da autora)

No exercício da autoridade docente, temos, portanto, uma clara responsabilidade ética com nossos alunos, com seu crescimento pessoal, intelectual e social. Assim, a educação

O exercício da autoridade docente

> [...] deve conduzir à "antropo-ética", levando em conta o caráter ternário da condição humana, que é ser ao mesmo tempo indivíduo/sociedade/espécie [...]. A ética [...] deve formar-se nas mentes com base na consciência de que o humano é, ao mesmo tempo, indivíduo, parte da sociedade, parte da espécie. Carregamos em nós esta tripla realidade. Desse modo, todo desenvolvimento verdadeiramente humano deve compreender o desenvolvimento conjunto das autonomias individuais, das participações comunitárias e da consciência de pertencer à espécie humana. (Morin, 2000: 17; grifo do autor).

Todo professor deve, portanto, exercer sua autoridade sem perder os limites dessa autoridade. Exercê-la tendo sempre em mente que seus alunos são sujeitos da ação educativa e nunca objetos apassivados, que podem ser reprimidos, cerceados, conduzidos ou manipulados. "[...] Transformar a experiência educativa em puro treinamento técnico é amesquinhar o que há de fundamentalmente humano no exercício educativo: o seu caráter formador [...]. Educar é substantivamente formar" (Freire, 2005: 33).

O EXERCÍCIO DA DOCÊNCIA EM SEUS DIFERENTES PERFIS

No exercício da docência, é ampla a tipologia de professores.

Os critérios que determinam qualquer tipologia podem ser questionados e novas sugestões podem, certamente, ser

Educação básica

agregadas, enriquecendo a tipologia apresentada. Aqui proporemos uma tipologia baseada no discurso do professor em sala de aula – o discurso pedagógico, o "[...] processo discursivo que se estabelece entre alunos e professores sobre objetos do conhecimento [...]" (Pey, 1988: 11); discurso institucionalizado do professor em sala de aula, carregado de intencionalidade, voltado para o processo de ensino-aprendizagem e de características bastante peculiares.

O discurso, sendo o principal instrumento do qual lança mão o professor no exercício de suas funções profissionais, deve fazer parte das reflexões de todo docente ao analisar seu perfil profissional, sua forma de comunicação com seu alunado e a maneira como cada um desempenha a função docente na prática da sala de aula.

Segundo Emília Pedro (1992), o discurso pedagógico será sempre um modo de controle das relações sociais de ensino, um discurso regulador necessário ao processo de ensino-aprendizagem. Entretanto, variam os limites interpostos nessa relação aluno-professor e, dependendo precisamente desses limites, teremos o tipo de professor que se quer (ou que se consegue) ser.

O *discurso pedagógico*, ainda que se apresente como discurso predominantemente autoritário, sempre terá, alternada e/ou preponderantemente, outras características e, portanto, poderá caracterizar-se como:[2]

- *Polifônico*: abriga mais de um enunciador num jogo de vozes, de discursos outros, através das diversas posições assumidas pelos atores da cena pedagógica, em permanente diálogo, ligados que estão pela memória discursiva.

- *Autoritário*: calcado no próprio papel profissional do professor – como aquele que, em sala de aula, tem o poder e o dever de ensinar –, é o discurso que tipifica a escola tradicional ou a educação bancária.[3] Neste discurso, a polissemia é contida e o sujeito nem sempre é o professor, mas uma autoridade ausente (um autor ou cientista), trazida na fala do professor. O aluno tende a ser visto como mero receptor.

- *Argumentativo*: democrático, pressupõe a intertextualidade, o diálogo, a presença de opiniões controversas e de distintos pontos de vista. Contrapõe-se, portanto, ao discurso autoritário, e é o discurso da escola progressista.

- *Circular*: na medida em que o professor tem um dizer institucionalizado, seu discurso é garantido pela instituição escola e, por outro lado, esse mesmo discurso tende a garantir essa mesma instituição que o gerou (Orlandi, 1987). O discurso pedagógico apresenta, ainda, uma segunda forma de circularidade: a repetição em outras palavras, estratégia de ensino largamente utilizada por todo professor.

- *Persuasivo*: ao expressar um discurso institucional, o discurso pedagógico pretende, segundo Citelli (1999: 32), "convencer ou alterar atitudes e comportamentos já estabelecidos". Há diferentes graus de persuasão, e daí devermos considerar que persuadir é sinônimo tanto de submeter como também de convencer.

Educação básica

- *Lúdico*: fortemente polissêmico, dialógico e dialogado, marcado pelo jogo das interlocuções, aceita a reversibilidade total entre os diversos interlocutores da cena pedagógica.
- *Polêmico*: com pequeno grau de polissemia, é instigante e apresenta argumentos contestáveis. "[...] Os participantes não se expõem, mas ao contrário procuram dominar o seu referente, dando-lhe uma direção, indicando perspectivas particularizantes" (Orlandi, 1987: 10). Em sala de aula, o discurso do professor será mais polêmico quanto mais reduzida for sua carga de autoritarismo.

A ênfase dada a determinadas características em detrimento de outras é o que dará "o tom" do discurso do professor, marcando-o como mais ou menos autoritário, ainda que, como se afirmou anteriormente, na prática, haja a possibilidade de alternância ou de mescla dessas características.

O que não podemos ignorar é que a educação formal é fruto da comunicação entre alunos e professor, o que nos leva à necessidade de introduzir e preservar, como preconizava Paulo Freire (1987), o diálogo entre esses dois sujeitos complementares desse processo, que se fará em relação horizontal, na qual a *confiança* de um no outro é consequência óbvia.

O exercício da autoridade docente

O TEMA EM DEBATE

Neusa Bastos, doutora em Linguística, atua na área da educação linguística, da historiografia e dos estudos lusófonos. Com larga experiência nos diversos níveis do sistema educacional, tem hoje forte presença em cursos de formação de professores de Língua Portuguesa.

ML: Nem sempre, no dia a dia da sala de aula, a relação professor-aluno ocorre de maneira harmoniosa, chegando mesmo, em alguns casos, a ser uma relação conflituosa. Os jornais trazem histórias de conflito e até de violência que, hoje, fazem com que professores queiram desistir de suas carreiras porque a indisciplina acaba por prejudicar esse relacionamento, que sabemos ser tão importante para o processo. É por aqui que eu gostaria de começar esta nossa conversa.

NB: Em primeiro lugar, eu gostaria de dizer alguma coisa a respeito da imagem que o próprio professor tem dele. Acredito que esse descaso que tem sido posto pelo próprio professor, para a sua própria profissão, é algo que acarreta um desgaste muito grande para ele próprio. Dizer algumas coisas como: *"– Não me sequestre, eu sou professor"* ou *"– Eu ganho pouco, então, me cobra mais barato"* são atitudes que mostram o seu próprio menosprezo e que a sociedade começou a repetir essa pecha, transformando o professor em coitadinho. Ocorre que outras profissões também ganham pouco, mas ninguém fala que um médico ganha pouco, ou que um arquiteto ganha pouco, ninguém fala que um advogado ganha pouco.

61

Educação básica

Temos todas as profissões com uma precariedade muito grande, mas o professor assumiu para ele essa marca. O médico, por exemplo, não assume que tem que dar quatro plantões e que, portanto, ele é um coitado. Não, ele não assume: ele é um ótimo profissional, mas ele tem que dar quatro plantões. Daí a visão da sociedade de que ser professor não é boa profissão, e essa visão, motivada pelo próprio docente, é a primeira coisa na qual teríamos que mexer, melhorar a autoestima do professor, que está baixa.

Se voltarmos um pouco no tempo, para a década de 1970, veremos que lá ainda tínhamos um olhar melhor da sociedade para nós e o aluno nos dava importância. Então, era mais fácil estabelecer uma relação hierárquica, não uma relação antidemocrática, é uma relação democrática, mas hierárquica, porque hierarquia é uma coisa presente na sociedade, desde a mais primitiva até a mais desenvolvida.

O professor tem que se saber no topo dessa hierarquia. Ele precisa se ver como aquele que está ali, na sala, que ele domina pelo conhecimento, que ele domina pela motivação que provoca. Não me refiro àquele dominador que está com o chicote na mão, mas àquele que encanta o público ao qual ele se dirige.

Para mim, essa é a relação importante. E por que hoje esse relacionamento está mais conflituoso? Porque o professor não se dá o respeito, o professor não tem a motivação que ele deveria ter, o professor não está com o conhecimento que ele deveria ter. São várias as suas fragilidades e ele não consegue dar conta dessa relação com o aluno. A sociedade está violenta, não é só a relação professor-aluno. A educação não está sendo dada pelo pai e pela mãe, porque as famílias mudaram.

ML: E este não é só um problema da escola pública, como alguns gostam de afirmar. Na escola privada esse padrão também se repete?

NB: Em ambos os espaços você tem esses problemas. O que desencadeia o problema pode ser diferente, mas o resultado acaba sendo o mesmo. Porque, na escola particular, é o professor que não pode avaliar o aluno, porque o aluno vai passar de qualquer jeito! Então, essa relação também não tem jeito. O pai vai ser chamado para passar a mão na cabeça do filho e para ter o diretor junto dele. Essa relação não é boa nem na escola particular e nem na pública. Portanto, é de fundamental importância que o professor se veja de uma outra forma, que os gestores tenham pulso firme. Porque o gestor faz toda a diferença. Eu fui professora em mais de uma escola pública. Uma delas tinha um diretor fantástico e a escola ia de vento em popa e os professores tinham um respeito incrível pelo diretor, que também respeitava os professores, que respeitavam seus alunos, e estes respeitavam seus professores. Já em outra escola onde trabalhei, o diretor era completamente ausente e a escola, largada. Lá não tinha o menor critério para resolver as situações e ninguém se respeitava, o que era muito ruim.

ML: Ou seja, o modelo de autoridade é que está desgastado, porque você tem figuras omissas, acomodadas – pais, professores, diretores. No meio disso tudo, está o aluno com seus limites absolutamente flexibilizados. Por onde começar a desatar esse nó?

Educação básica

NB: Difícil! Mas quando você falou da flexibilidade, eu acho que isso também está levando ao caos, porque, hoje, tudo é fluido e não se sabe até que ponto vai a necessidade de autoridade. Há um momento em que o professor diz "então tudo bem". Nesse momento, ele começou a fragilizar sua figura de professor.

ML: O professor que sempre flexibiliza as regras, na verdade, acaba com elas.

NB: Acaba. E aí está outro grande problema, ligado à formação do professor, que não está sendo formado na universidade com regras claramente postas. O docente da universidade já é mais flexível, mas deveria deixar claro que nem tudo é possível.

Por outro lado, o conhecimento também está frágil e o professor não consegue ter ascensão sobre o aluno pelo tanto que ele conhece. Ele pode ser um professor que dialoga, ele pode ser um professor moderno, mas ele tem que mostrar para o aluno que ele tem alguma coisa a dizer. E o aluno se encanta pelo professor que tem alguma coisa a dizer.

ML: Você está falando da competência teórica?

NB: Sim, competência. Costumo dizer que o professor tem três armas: a arma da racionalidade, a arma do humor e a da sedução. A arma da racionalidade é a competência de conhecimento, de domínio cognitivo, que se não estiver presente inviabiliza, porque o aluno percebe quem sabe e quem não sabe.

O exercício da autoridade docente

ML: Não há autoridade que se sustente nessa fragilidade de formação.

NB: Não mesmo, e é aí que entra a questão da sedução, que começa nessa questão do conhecimento, porque os meninos se encantam pelo professor: *"– Nossa, professora, como você sabe!", "– Como você sabe?", "– Eu sei porque eu estou estudando há muito tempo, meu filho. Vamos estudar juntos."* E isso encanta o indivíduo.

A outra arma é o humor, porque a aula fica mais feliz e fica melhor. Em aula, o professor tem que sustentar uma relação saudável, feliz, alegre. Tem que haver alguma coisa agradável naquele momento.

Essas são questões a serem trabalhadas nos cursos de formação do professor.

ML: Você trabalhou muito tempo como professora de prática de ensino nos cursos de formação de professor. O que você me diz dessa questão do pouquíssimo ou nenhum aproveitamento dos estágios, que, na verdade, deveriam possibilitar momentos para que o aluno – futuro professor – pudesse exercitar esse papel?

NB: Existe um saber que se tem e um saber a ser ensinado. É preciso fazer essa ponte entre a teoria e a prática. No estágio, os alunos vão às escolas e fazem observação, regência e monitoria, e o professor de prática de ensino deveria acompanhar de perto tais atividades desenvolvidas. Hoje, isso não acontece. O professor universitário jamais dialoga

Educação básica

com os professores da educação básica, que recebem seus alunos como estagiários.

ML: O estágio se transformou numa atividade burocrática com leitura de relatórios e preenchimento de fichas.

NB: Isso. Mas há também o lado da escola que recebe o estagiário e preferiria não o receber!

ML: É que esse estágio se esvaziou completamente de finalidade e o aluno sai de um curso de licenciatura sem nunca ter tido oportunidade de dar uma aula. A universidade não olha para a realidade da educação básica e, por essa razão, não faz um projeto para que seu aluno deixe de ser um invasor da sala de aula do ensino fundamental e médio, mas seja, enquanto aprende como estagiário, um real colaborador.

NB: Isso mesmo, mas teria que ser numa outra visão de educação, um outro olhar. E eu me pergunto se existe, hoje, alguém olhando para a educação com esse outro olhar? Ninguém. Nem o governo estadual, nem o governo federal, nem o governo municipal.

ML: E a universidade que prepara professor para a educação básica também não tem nenhum compromisso, nenhum relacionamento com as redes de ensino, quer sejam elas públicas ou privadas.

O exercício da autoridade docente

NB: Isso. Não existe nenhum compromisso mesmo. Vai soltando gente no mercado...

ML: Então, nós estamos formando professor para quem? E para trabalhar onde?

NM: Na verdade, a universidade tem que mudar o seu papel. Tem que ser um espaço formador mesmo, formador de consciência, formador de conhecimento.

ML: E o que você me diz dessa tendência de formar professores a distância? Nesse modelo, os professores terão sua formação inicial feita a distância, mas trabalharão no ensino presencial. Nós já aprendemos a fazer educação a distância?

NB: Esta é uma pergunta muito difícil. Como é que eu posso formar um indivíduo por meio de uma relação mediada por uma máquina? Não posso. Eu formo o indivíduo relacionando-me com ele, sem mediação de máquina. A informação vai bem, mas a formação não. E várias instituições estão fazendo isso: já tiraram muitas disciplinas presenciais. E a troca? E a conversa? E a relação humana que você tem com seu aluno? Anula tudo. Acho péssimo.

Este é um problema muito atual. O jovem aprende a se relacionar com a máquina e só consegue se relacionar com outro mediatizado pela máquina. Suas relações basicamente ocorrem por meio do computador. Quando precisa se relacionar com outras pessoas, fica difícil porque ele não sabe, não tem o trato. Ele fica o dia inteiro sentado em

Educação básica

frente à máquina: conversando com os outros, relacionando-se, mandando fotografia etc. Mas não se relaciona verdadeiramente com outro, falta a questão do contato social, indispensavelmente presencial.

ML: Voltando para o professor, no âmbito da educação a distância, não pode ocorrer que o professor seja, também, usado para, mais uma vez, desvalorizar a sua profissão?

NB: Isso mesmo. O que hoje se faz é ensino a distância, não educação. Porque educação é formação e deve ser presencial. Já o ensino é possível, mas para ser de qualidade será caro, caríssimo, porque cada professor não poderia atender a mais do que 10/15 pessoas por turma. No entanto, o que está acontecendo não é isso, é o contrário. Um professor – do qual já estão até tirando o nome de professor, passou a ser tutor – atende a 40/50 pessoas. Como será possível atender a 40 pessoas, que a qualquer instante podem ir a um computador para demandar seu professor? Esse camarada não vai conseguir dar uma boa orientação para esses alunos. Se ele tiver mais de uma turma, terá 100/150 alunos que vão escrever para ele todos os dias, várias vezes ao dia. Isso é completamente insano!

ML: E, com o nome de tutor, ele escapa ao estatuto do magistério, embora seja ainda um professor, correto?

NB: Escapa. Ele deixa de ter o amparo legal, ainda que seja um professor. E, na maioria, é professor mesmo, porque são

O exercício da autoridade docente

os professores que já estavam na universidade e que foram levados à educação a distância.

ML: É outro contrato de trabalho?

NB: Olha, ainda não. Em algumas universidades mais sérias, ainda não é outro contrato. É o mesmo contrato. Então, por exemplo, nós podemos ter uma turma de educação a distância aqui, dentro do nosso contrato de professores de tempo integral, de 40 horas semanais.

No entanto, em algumas universidades, já fizeram a precarização quando instituíram que todas as disciplinas teriam 20% de aulas a distância e que os professores, nesses 20% de aulas a distância, ganhariam 25% do salário mais baixo da universidade, que é o de auxiliar de ensino. Ou seja, um doutor com 10 aulas passa a ganhar 8 aulas como doutor e 2 no valor de 20% do salário do auxiliar de ensino.

ML: Sob que alegação?

NB: A alegação é a de que é outro tipo de ensino, com maiores facilidades, porque não estará na sala de aula e sim em sua casa. Respondendo aos infinitos e-mails de seus alunos. Este é um mau uso do ensino, que está sendo usado, tão somente, para fazer a viabilização financeira da universidade.

ML: Economizando horas/aula, economizando em salário de professor.

NB: Isso. Economizando em salário de professor. E mais: o professor compra o seu micro, providencia as instalações

69

de seu local de trabalho, arca com os custos operacionais. E, então, voltamos para o começo desta nossa conversa.

Mais uma vez um descaso para com o professor, que se sente um coitado, que é infeliz.

Então, eu proponho um outro discurso, que diz que *sou tão feliz por ser professor*. Mas eu tenho que falar isso toda hora, porque os meus colegas não acreditam. Porque os meus alunos não acreditam. Eles não acham que seja tão bom, mas eu, que acredito nesta nossa profissão, devo buscar convencê-los.

ML: Ainda que poucas profissões, hoje, tenham a empregabilidade que a profissão de professor tem, está difícil atrair os jovens para ela, não é mesmo?

NB: Sem dúvida e em algumas áreas ainda mais. E por que não atrai? Eu acho que faz parte, mesmo, dessa desvalorização que começou a acontecer lá atrás e desse dito generalizado: *"– Professor ganha mal. Ponto. Professor é sacrificado. Ponto."* Não se alerta que ele pode ganhar mal em uma escola, mas pode, também, dar aula em outra escola. Pode ter duas escolas para trabalhar. Ele ganha mal, mas ele pode arrumar uma bolsa e fazer um mestrado, ele pode se aperfeiçoar. Tudo isso não conta.

ML: E nem todos ganham mal.

NB: E nem todos ganham mal! É uma inverdade, mas passa a ser uma verdade quando toda a sociedade pensa assim. Também não vou dizer que não haja uma série de pessoas,

O exercício da autoridade docente

nesse meio, que não mereçam nem o pouco que ganham. Mas é aí que está: não é por causa disso que vamos nivelar por baixo.

ML: Esse descaso com a profissão de professor vai ter um custo histórico incalculável. Porque o outro profissional, não importa qual seja, que tanto desvaloriza aquele que escolheu ser professor, não deixa que seu filho seja professor, porque não acredita na profissão de professor. Ele mesmo passou pela escola, ele se serviu dos conhecimentos de grandes professores e, muitas vezes, ele tenta voltar para a escola, agora como professor, buscando a distinção que o fato de ser professor dará a sua carreira. Mas, mesmo assim, ele continua dizendo que a profissão do professor não vale a pena. Quando apenas muito poucos quiserem, de fato, ser professores, vamos ter um custo social incalculável.

NB: Isso, muito grande, incalculável. E creio que a reversão não vai ser fácil, não.

Fizeram uma propaganda de televisão, patrocinada pelo MEC, que chamava a população para ser professor. Apresentava moça com cadernos na mão, que subia uma escada onde havia várias crianças sentadas. No topo da escada, ela os chamava, olhava para a câmera e dizia: *"– Venha ser professor."* Essa foi uma rápida campanha, que não vi continuar, uma forma de começar a resolver o grave problema da falta de professores em todo o país. O MEC tem que começar a falar sobre isso, os secretários da Educação

71

Educação básica

também. Essa valorização tem que vir daí, porque veio daí o rechaço.

ML: O olhar da sociedade para o professor precisaria, também, ser modificado.

NB: Mas também o olhar do professor para sua própria profissão. Você sabe que muitos dos nossos colegas não são tão entusiasmados com a carreira.

ML: O que você está propondo é que comecemos a mostrar, não só para os nossos alunos, mas para todo nosso meio social por onde circulamos, que estamos satisfeitos com a nossa escolha?

NB: Isso mesmo, que a nossa escolha é ótima, é digna, é maravilhosa. O contato com gente é maravilhoso, estimulante, agradável. É rejuvenescedor e é importante. Porque só assim vai acontecer alguma coisa no sentido de melhorar nossa imagem.

Neusa Maria Oliveira Barbosa Bastos é pós-doutora pela Universidade do Porto/Portugal, com doutorado em Linguística Aplicada ao Ensino de Línguas pela Pontifícia Universidade Católica de São Paulo. Atualmente, é professora titular da Pontifícia Universidade Católica de São Paulo e da Universidade Presbiteriana Mackenzie, consultora *ad hoc* da Capes e da Fapesp, membro de diretoria do Sindicato dos Professores. Publicou 54 trabalhos em anais de eventos. Possui 20 capítulos de livros e 12 livros publicados.

O exercício da autoridade docente

NOTAS

[1] Maria Lucia M. C. Vasconcelos, *Autoridade docente no ensino superior: discussão e encaminhamentos.* São Paulo: Xamã/Niterói: Intertexto, 2006.

[2] Tipologia apresentada, originalmente, em Vasconcelos e Pereira (orgs.), *Linguagens na sala de aula do ensino superior,* no capítulo intitulado "Docência: discurso e ação", de minha autoria.

[3] "Eis aí a concepção 'bancária' de educação, em que a única margem de ação que se oferece aos educandos é a de receberem os depósitos, guardá-los e arquivá-los [...]" (Freire, 1987: 59).

Planejamento e ação docente no espaço da sala de aula

> [...] revelar cuidado e respeito pelo espaço de trabalho é excelente oportunidade que tem o(a) educador(a) de testemunhar a seus alunos sua disciplina e seu reconhecimento da importância do espaço e das coisas que o compõem para o bom andamento de sua prática.
>
> Paulo Freire (2003: 164)

Não poucas vezes, o professor é, paradoxalmente, acometido por uma angustiante sensação de não estar cumprindo os objetivos educacionais traçados por ele mesmo previamente e que seus alunos, ao término, nada aprenderam ou aprenderão.

É hora de revisão!

Rever planos e estratégias. Lembrar-se dos objetivos propostos e das razões que o levaram a escolher tais objetivos. Olhar para seus alunos, buscando entender os sinais que estes certamente lhe estão passando, ainda que de maneira desordenada, às vezes irreverente ou com certa indolência e, não raro, até mesmo com alguma agressividade desrespeitosa. Olhar para si e ver em que professor se transformou. Olhar para sua prática e identificar no que vale a pena persistir

Educação básica

e o que precisa ser modificado. Rever sua utopia: ela persiste ou terá desaparecido no turbilhão dos impasses diariamente enfrentados?

É fundamental que se mantenha viva a utopia, vista aqui não como uma impossibilidade, mas no sentido que lhe dá Freire (1987: 73), de uma "[...] unidade inquebrantável entre a denúncia e o anúncio. Denúncia de uma realidade desumanizante e anúncio de uma realidade em que os homens possam ser mais".

Ao refletir em torno do termo utopia, assim se manifestou Paulo Freire:

> Nunca falo da utopia como uma impossibilidade que, às vezes, pode dar certo. Menos ainda, jamais falo da utopia como refúgio dos que não atuam ou [como] inalcançável pronúncia de quem apenas devaneia. Falo da utopia, pelo contrário, como necessidade fundamental do ser humano. Faz parte de sua natureza, histórica e socialmente constituindo-se, que homens e mulheres não prescindam, em condições normais, do sonho e da utopia. [...]
>
> Não há amanhã sem projeto, sem sonho, sem utopia, sem esperança, sem o trabalho de criação e desenvolvimento de possibilidades que viabilizem a sua concretização. [...]
>
> O meu discurso a favor do sonho, da utopia, da liberdade, da democracia é o discurso de quem recusa a acomodação e não deixa morrer em si o gosto de ser gente, que o fatalismo deteriora. (Freire, 2001: 85-86)

E é assim, pensando o fazer do educador como um fazer pleno de possibilidades, de sonhos e de utopias, impulsiona-

Planejamento e ação docente no espaço da sala de aula

dores para o agir concreto, objetivo e racional, que se desenvolverá o presente capítulo.

No processo de ensino-aprendizagem, professores não são nem heróis e nem vilões. Se não devem fugir às suas responsabilidades como profissionais que são, não podem, por outro lado, ser responsabilizados por todos os problemas que enfrenta a educação hoje. Professores são apenas parte da solução, ainda que muitas vezes sejam, também, parte do problema! Muda o mundo, muda a sociedade, mudam os costumes, os anseios, os valores desse grupo social. Nesse redemoinho, está a instituição escolar: questionada e desvalorizada, mas ainda reconhecida como necessário instrumento social de instrução, formação e socialização das gerações, além de exercer o papel de agência certificadora da formação para o mundo do trabalho.

Nesse mesmo redemoinho, está igualmente o professor, antes respeitado como fonte de saber a quem as famílias confiavam seus filhos para que fossem guiados no processo de descoberta, de amadurecimento e de conhecimento, mas que hoje é mais visto como um funcionário burocratizado, desmotivado e de quem, muitas vezes, se desconfia e que o senso comum rotula como aquele que "ensina por não saber como se faz" ou ainda como aquele "que foi ser professor por não ter conseguido ser outra coisa na vida".

Some-se a isso o fato de que, se o mundo mudou, mudaram também os alunos que hoje frequentam a escola em seus diferentes níveis de ensino. O aluno real, tão diferente do aluno ideal – inexistente –, traz para a sala de aula fragmentos da complexa realidade em que este vive: os novos desenhos

Educação básica

familiares; o afrouxamento dos limites; a superficialidade das relações; o excesso de informação e a sua facilidade de acesso (muitas vezes indiscriminado); a supremacia do ter; a opressão das desigualdades sociais; o exemplo diário de uma (anti)ética política sem consequência ou punição; a violência (explícita ou implícita) das relações sociais; o poder do ilícito e da contravenção; o multiculturalismo; a necessária – e tão complexa – inclusão do "diferente".

No caso brasileiro, o processo de democratização trouxe, para a escola, camadas sociais que, até os anos 60 do século xx, não se imaginavam incluídas no sistema de educação formal. Hoje já foi possível, inclusive, ampliar a obrigatoriedade do ensino, estendendo-a por toda a educação básica.

Com muita rapidez muda a sociedade e mudam as expectativas que essa mesma sociedade tem com relação à instituição escolar e às diversas figuras profissionais que ali desempenham suas funções. E o professor muda também? Ou se apega a antigas fórmulas, ultrapassados modelos, preso que está ao passado e ao conforto da mesmice conhecida?

O professor em sala de aula

No exercício de seu papel profissional e sem abusar de sua autoridade como docente, o professor deve gerir todas as atividades propostas para serem desenvolvidas em sala de aula, num trabalho conjunto com seus alunos, que deverão ser sempre ouvidos e respeitados.

Planejamento e ação docente no espaço da sala de aula

O professor não pode perder de vista que é sua a responsabilidade da "aula" e que, portanto, ele deve cuidar dos muitos aspectos que a envolvem: sua preparação, sua organização (prévia e no momento da execução) e sua condução em espaço democrático, envolvente e dialogado, incluindo aí a utilização (e imprescindível previsão) dos recursos materiais necessários (e disponíveis) para o seu bom desenvolvimento.

Os passos que devem ser seguidos para que sejam satisfatoriamente alcançados os resultados pretendidos são do conhecimento dos docentes em geral, ainda que frequentemente negligenciados. O professor sabe o que deve fazer e o que precisa ser mudado, mas deve, para isso, organizar-se, *planejar*. A cada ano, a cada turma, mudam as realidades e, consequentemente, as necessidades. O professor deve, portanto, estar atento e sensível a cada nova demanda que a realidade lhe apresenta. Planejar significa olhar para realidade que circunscreve o ato educativo, buscando interferir, adequada e competentemente, nessa mesma realidade.

A capacidade de gestão das diferentes relações pedagógicas, estabelecidas no âmbito da escola, capacidade essa requerida a todos os agentes educativos, é, segundo Morgado (1999: 18-9), "um instrumento privilegiado no sentido de promover percursos educativos de sucesso para todos os alunos".

Ao planejar, o professor deve, como ponto de partida, responder a seguinte questão: *Para quem planejo?* A resposta a essa questão deverá remetê-lo a seus alunos reais, com suas específicas experiências, seu meio familiar e social. Deverá, ainda, situar esses atores no espaço educativo em que deverão se dar as atividades em programação.

Educação básica

Passo seguinte, não deverá o docente minimizar os aspectos interativos da ação educativa. Seus alunos não deverão ser considerados apenas individualmente, mas como partes individuais de um todo que constitui a turma na qual se inserem. As dinâmicas de relacionamento do grupo interferem nos comportamentos pessoais e do próprio grupo, ainda que no desempenho de um papel particular estará também presente a figura do próprio professor com suas características e seu agir profissional. O clima e a dinâmica do grupo-classe, certamente, influenciarão nos comportamentos tanto de alunos como de professores e é tarefa docente zelar pela saúde desse clima e dessas relações.

A primeira etapa, então, será aquela, já aqui mencionada, em que devem ser revistos os objetivos com os quais se pretende trabalhar, oferecendo, para tal, um olhar crítico que possa distinguir aqueles objetivos efetivamente passíveis de realização, ainda que exijam esforço e dedicação dos sujeitos da relação pedagógica, daqueles objetivos idealizados, muitas vezes burocráticos, e que não refletem a realidade do grupo com o qual se trabalha. Planejar para o real não significa apequenar as possibilidades, mas, sim, colocar um grau de objetividade no plano que se desenha.

O planejamento engloba a visão que se tem da educação *lato sensu*, pautada pela visão de mundo que permeia a missão institucional e as crenças daquele que planeja: o próprio professor. Mas não deve ser esquecido, na ação de planejar, que não se planeja apenas para o aluno, mas também para o professor, dado que ambos são sujeitos de um mesmo processo, o de ensino-aprendizagem,

80

cujos objetivos e atividades requerem a ação conjunta desses dois polos.

Não se deve esquecer, ainda, que não se planeja isoladamente, mas que cada plano de disciplina deve integrar-se a um projeto pedagógico coletivamente pensado e articulado, quando docentes de diversas séries/disciplinas foram chamados a pensar, coordenadamente, as ações didático-pedagógicas de um dado curso de determinada instituição.

O documento emanado do Conselho Nacional de Educação, referente às Diretrizes Curriculares Nacionais Gerais para a Educação Básica,[1] assim se expressa:

> Em todos os cursos da Educação Básica, a organização do tempo curricular não pode prever apenas as aulas das várias disciplinas, mas, sim, ser construído em função das peculiaridades de seu meio e das características próprias dos seus estudantes. O percurso formativo, nesse sentido, deve ser aberto e contextualizado, incluindo não só os componentes curriculares centrais obrigatórios, previstos na legislação e nas normas educacionais, mas, também, conforme cada projeto escolar estabelecer, outros componentes flexíveis e variáveis que possibilitem percursos formativos que atendam aos inúmeros interesses, necessidades e características dos estudantes. (CEE, 2010: 33)

Ao planejar, o professor repensa e avalia a sua prática, pois o planejamento é o momento privilegiado para que sejam revistos os rumos e as atividades que imprimirão dinamismo e efetividade às ações didáticas que irão se desenrolar no dia a dia da sala de aula. "É pensando criticamente a prática de hoje ou de ontem que se pode melhorar a próxima

Educação básica

prática" (Freire, 2005: 39). A experiência vivenciada ilumina lacunas e os pontos fortes e fracos, que devem ser (todos) levados em conta no momento do (re)planejar.

Uma vez traçados os objetivos, agora é hora de selecionar os conteúdos mais adequados à consecução desses mesmos objetivos, levando-se em conta não só o nível em que se trabalha, mas também o perfil do alunado com o qual se está trabalhando. Ainda que conteúdos mínimos estejam estabelecidos previamente para cada disciplina, ano e curso, o professor será aquele que decidirá sobre a profundidade de aproximação desses mesmos conteúdos, podendo (ou não) extrapolar o livro didático ou qualquer outro material de ensino que lhe for apresentado ou, até mesmo, determinado. O livro é apoio ao trabalho do professor, não deve ser, portanto, amarra que o impeça de executar sua tarefa de maneira criativa e, da mesma forma, não deve servir como desculpa para a acomodação e para o imobilismo didático.

Documentos oficiais, como os "Parâmetros Curriculares Nacionais" (PCN), devem ser considerados, conhecidos em profundidade, para que o voluntarismo não afaste o professor daquilo que a sociedade espera que seja cumprido pela educação formal e para que se busque garantir, o mais possível, igualdade de oportunidades a todos os alunos que à escola acorrem, não importando, aqui, de qual escola se está falando, se da pública ou da privada.

Cabe aqui um reforço à ideia de que a educação escolar se faz com base nos conteúdos curriculares que na escola se devem aprender. Há hoje uma visão equivocada, felizmente de alguns e não da maioria, em nome da "formação integral do educando", que pode levar a que se negligencie a aprendizagem de conteúdos absolutamente necessários a essa mesma formação. Formar e informar são ações complementares pertinentes à escola, não são, portanto, ações excludentes entre si. Segundo Masetto (2010), é necessário que os estudantes, no processo de educação formal, aprendam a reconstruir o conhecimento, dar-lhe um significado, que, após o processo de real aprendizagem, passa a ser pessoal e próprio porque relacionado aos conhecimentos previamente adquiridos. Mas conhecimentos *devem* ser adquiridos! Equivoca-se o professor quando, em nome de uma preocupação – certamente válida – com a formação integral de seu aluno, voltada para o correto exercício da cidadania, que respeite as diferenças individuais e incorpore o saber prévio do educando, negligencia os conhecimentos inerentes à disciplina lecionada e que servirão, no futuro, como instrumental para a vida prática e profissional de seus alunos.

Reforçando as afirmações anteriores, recorreremos a Paulo Freire, muitas vezes equivocadamente interpretado como um autor que não valorizava a aprendizagem dos conteúdos curriculares consagrados pela educação formal. O que Paulo Freire (2000: 44) dizia é que, ao educar, os professores não devem nem mesmo se permitir duvidar que seus alunos, todos eles, de qual classe social forem, "[...] têm de saber a mesma Matemática, a mesma Física, a mesma Biologia". No entanto, o que ele não aceitava é que o ensino fosse alheio à "análise crítica de como funciona a sociedade".

Definidos os conteúdos e elencadas as prioridades para o ensino num dado período/turma, é chegado o momento

Educação básica

de se planejar o como ensinar. Quais as estratégias que serão utilizadas em determinadas aulas?

Masetto (2010: 18) alerta para o fato de que a "[...] aula é um tempo e um espaço que existe para que o aluno possa aprender". Diz mais: na aula, o aluno precisa "[...] desenvolver atitudes que o ajudem a aprender; a aula é tempo para estudar, ler, perguntar, duvidar, debater, resolver problemas, fazer pesquisas [...], ouvir o professor (também, mas não exclusivamente), ouvir colegas [...], comparar teorias, autores [...]" e muito mais. Diante desse quadro, para que tantas diferentes atividades sejam efetivamente realizadas, é imperioso variar as formas de aproximação dos conteúdos a serem estudados, é absolutamente necessário, para facilitar a aprendizagem do aluno, possibilitar-lhe o contato com diferentes estratégias de ensino.

Das estratégias conhecidas, nem todas são adequadas à determinada turma em função de uma série de variáveis que interferem no andamento do trabalho docente: o clima de cada sala de aula, o número de alunos e os recursos à disposição do professor. O importante é que o professor:

- preveja as estratégias adequadas a cada aula, considerando o conteúdo a ser trabalhado;
- varie suas técnicas/recursos ao longo do curso, buscando atrair seus alunos para as aulas ministradas;
- verifique a adequação das estratégias ao número de alunos, tempo disponível e possibilidade dos recursos disponíveis;
- inove, buscando tornar suas aulas mais prazerosas.

Mas é importante, também, que o docente se sinta seguro em relação às estratégias escolhidas. Não raras vezes, premidos pela real necessidade de inovar, lançam-se os professores em verdadeiras aventuras, pois, sem o domínio das técnicas inovadoras que lhes foram apresentadas, saltam no escuro, correndo o risco de, por pura inadequação, comprometerem ainda mais a qualidade de suas aulas. Portanto, é preciso, além de preparar-se para a inovação, aceitá-la, para que a atuação em sala de aula seja natural e produtiva.

Ainda compondo o plano de aula, deverá o professor planejar suas avaliações sem se esquecer que a avaliação é processo formativo e como tal integra o processo de ensino-aprendizagem continuamente, não sendo, portanto, uma ação episódica.

Frente à tarefa de avaliar, todo professor acaba por se ver diante de seu maior desafio. Por um lado, o sistema educacional lhe pede, ainda hoje, uma avaliação tradicional, classificatória, que defina quantos e quais alunos devem prosseguir para a etapa seguinte. Tal avaliação, típica da escola tradicional, resiste ao tempo e o professor acaba por repetir o equívoco de avaliar somente o aluno com base no conteúdo "absorvido", esquecendo-se de que os resultados da avaliação deveriam interferir, diretamente, em seus procedimentos de ensino, com a preocupação clara de se chegar à aprendizagem. Avaliar ao final de uma etapa, sem que os resultados dessa avaliação se transformem em indicadores para a correção de rumos do fazer pedagógico, é desprezar o potencial educativo das tarefas avaliativas, é assumir uma posição fatalista diante do insucesso, geralmente imputado aos alunos e não ao professor ou ao processo em si.

85

Educação básica

Para Masetto (2010), os professores devem deixar de encarar a avaliação como "produto", reservando a ela um papel que de fato não tem. A avaliação é, segundo o mesmo autor, "resultado e processo":

> Quando eu faço uma atividade avaliativa, ela me oferece um resultado que é uma informação para o meu aluno e para mim sobre o que cada um de meus alunos aprendeu bem, o que aprendeu mais ou menos ou o que não aprendeu.
>
> Com esta informação cabe a nós, professor e alunos, desenvolver outras atividades para resgatar o que não foi bem aprendido (2010: 158).

Jussara Hoffman (1995) propõe uma avaliação mediadora, que oportunize aos alunos:

- momentos de expressão livre de ideias, favorecendo assim o pensamento crítico e autônomo;
- a discussão, entre os alunos, de temas propostos pelo professor, deixando-os construir argumentos sem a interferência direta, normalmente restritiva, do docente;
- retornos constantes quanto às tarefas executadas (que devem ser sucessivas e de curta duração), permitindo a avaliação permanente, contribuindo para localizar dificuldades e propor novos caminhos e soluções.

Hoffman (1995: 84) propõe, ainda, que se devam "transformar os registros de avaliação em anotações significativas sobre o acompanhamento dos alunos em seu processo de construção do conhecimento", integrando, dessa forma, as atividades de avaliação ao efetivo processo de ensino-aprendizagem.

Por outro lado, não se pode minimizar, ou até negligenciar, os claros "recados" que a avaliação transmite ao educador. Se a aprendizagem não ocorre – e as avaliações externas, a que o sistema de ensino vem sendo submetido, indicam que, de fato, esta não está a ocorrer –, deverá o professor identificar as causas de tal descompasso, alterando os procedimentos didático-pedagógicos que, até então, vinham sendo empregados.

É sempre importante relembrar os ensinamentos de Paulo Freire na direção de uma educação democrática, que respeite igualmente alunos e professores, e que alerte para os riscos da verticalidade das relações em sala de aula:

> Os sistemas de avaliação pedagógica de alunos e de professores vêm se assumindo cada vez mais como discursos verticais [...]. A questão que se coloca [...] não é, naturalmente, ficar contra a avaliação, de resto necessária, mas resistir aos métodos silenciadores com que ela vem sendo às vezes realizada. A questão que se coloca a nós é lutar em favor da compreensão e da prática da avaliação enquanto instrumento de apreciação do quefazer de sujeitos críticos a serviço, por isso mesmo, da libertação e não da domesticação. Avaliação em que se estimule o falar *a* como caminho do falar *com*. (Freire, 2005: 116; grifos do autor)

O falar *com* a que se refere Freire está na base do relacionamento professor-aluno, que pressupõe um professor comprometido com a aprendizagem de seu alunado, em constante processo de atualização, capaz de exercer seu papel profissional sem autoritarismo, efetivamente dialogando em aula, na busca da autonomia intelectual que todos devem almejar.

Educação básica

As bases desse relacionamento, para que sejam bem alicerçadas, devem estar sedimentadas em um claro "contrato" inicial, quando professor e alunos, sem surpresas ou armadilhas, conhecem e discutem as normas estabelecidas. Normas gerais (de toda a instituição) e normas específicas (daquela turma/naquela disciplina) são regras de convivência em grupo, estabelecidas em razão de determinados valores e objetivos. Ao professor cabe, portanto, entendê-las para, posteriormente, cumpri-las e, ato contínuo, explicá-las a seus alunos. Ressalte-se, no entanto, que aqui não se preconiza a obediência acrítica e/ou acomodada, típica da educação tradicional, voltada para a domesticação. Espera-se uma construção conjunta de normas conscientemente criadas para efetivar a aprendizagem em ambiente coletivo.

É o momento de se discutir limites. É o instante, também, quando cada indivíduo pode compreender seus direitos, seus deveres e o porquê de cada um deles. Entretanto, o professor não deve se esquecer de que o momento da justa reivindicação deve estar aí previsto, nessa ocasião, quando as normas estão sendo apresentadas e alterações ou adendos podem ser (ou não) acrescentados. Após essa análise crítica, estando o "contrato" estabelecido, este não poderá mais ser ignorado, devendo ser retomado, pelo professor, sempre que necessário e para garantir que os trabalhos sejam adequadamente conduzidos.

Amado (2000: 12), referindo-se a Short (1994), elenca alguns princípios que se devem considerar na formulação de normas coletivas. Tais normas devem ser:

Planejamento e ação docente no espaço da sala de aula

- poucas – o excesso de regras enfraquece o contrato;
- simples e claras – para que venham a ser facilmente compreendidas e disseminadas;
- positivas – deixando expressos os comportamentos desejáveis e não os reprováveis;
- e fundamentais – "referindo-se ao que não é negociável ou ao que já está negociado".

Todas essas ações, que até este capítulo foram propostas, cabem, no entanto, ao professor que não se veja como a figura central do processo de ensino-aprendizagem, mas que considere o aluno o sujeito de sua própria aprendizagem e coparticipante da ação educativa; que perceba a sua ação educadora como caminho para a independência crítica e criativa de seus alunos; que encare os conteúdos trabalhados como auxiliares – importantes, mas ainda assim auxiliares – nesse processo maior de formação de sujeitos independentes.

A educação escolar vive hoje em meio a um turbilhão de críticas e experimenta um verdadeiro paradoxo: ao mesmo tempo que se critica a escola por não responder adequadamente às necessidades da sociedade contemporânea, acredita-se que ela seja absolutamente necessária ao desenvolvimento de cada indivíduo e seja, também, agência niveladora de oportunidades.

Questiona-se, impiedosamente, a qualidade do ensino realizado no interior das instituições educacionais, mas não se dispensa seu papel social de agência credenciadora, que atesta que determinadas competências foram adquiridas por aqueles que a frequentaram com sucesso (fato esse comprovado pelos diplomas pela escola expedidos).

89

Educação básica

A crítica que se faz ao professor, considerado um profissional pouco preparado/envolvido, não reflete a importância que a ele se dá, responsabilizando-o pela tarefa de bem educar gerações de crianças e jovens. Por outro lado, as responsabilidades do professor são constantemente ampliadas: espera-se que ele venha a formar e informar; seja capaz de gerar novos conhecimentos; saiba utilizar adequadamente as novas tecnologias e atualize-se constantemente, para que seja capaz de inovar em sua prática de sala de aula. Mas a contrapartida não acontece: a valorização social do professor é cada vez mais diminuída, os salários não correspondem ao nível do profissional que se deseja (e necessita) e os cursos de formação de professores − tanto os de formação inicial como os de atualização ou formação continuada − seguem inadequados aos requisitos pleiteados.

Esse é o paradoxo fulcral a ser questionado. Se a educação é o caminho para o autoconhecimento, se é também instrumento para a investigação e conhecimento do mundo, se ela é, ainda, conscientizadora (ao desvelar criticamente a realidade), a sociedade não pode desvalorizar seu principal agente − o professor −, que ao lado de seus alunos − agentes igualmente importantes no processo de aprendizagem − busca, no seu fazer diário, conhecer para melhorar a sociedade que aí está, desigual e nem sempre justa.

Paulo Freire (2005: 112) já nos alertava a respeito das (im)possibilidades da educação. No entanto, dizia ele que "se a educação não pode tudo, alguma coisa fundamental a educação pode" e, por isso mesmo, todo educador deve nela acreditar.

Planejamento e ação docente no espaço da sala de aula

O TEMA EM DEBATE

Marcos Masetto é pioneiro, no Brasil, na área da formação de professores para o ensino superior. Tem dedicado a maior parte da sua vasta produção acadêmica e científica às metodologias de ensino aplicadas a esse nível de ensino.

ML: A ação do professor em sala de aula, na escola brasileira, tende sempre a uma acomodação, a uma repetição de modelos. Podemos, então, continuar a afirmar que ainda estamos muito próximos da escola tradicional?

MM: Nós nos encontramos, profundamente, na linha de uma escola tradicional. As nossas aulas ainda se realizam repetindo modelos e repetindo fórmulas. Nos cursos de Pedagogia no qual leciono Didática, tenho procurado discutir essa questão com os meus alunos, tentando olhar um outro lado. Eu lhes digo: numa preparação de qualquer aula você vai ter que fazer um planejamento e você vai ter que pensar em objetivos: é quando a gente começa a se perguntar: *"Em que esta aula pode colaborar para o crescimento e o desenvolvimento destas crianças? Para que serve essa aula na escola básica?"* E essa resposta só é possível se conseguirmos responder a uma outra pergunta: *"Qual o papel da escola nos nossos tempos, em nossa sociedade, em nosso contexto brasileiro?"*
Quando os professores da educação básica começam a perceber que a escola não é uma entidade ou um prédio isolado dentro de um bairro, quando eles conseguem perceber que a escola faz parte de uma comunidade maior, e que ela

91

Educação básica

pode trabalhar na interação com outras realidades que estão ao seu redor como postos de saúde, associação amigos de bairro, sindicato, entidades de atividades sociais, clubes de mães, igrejas, grupos religiosos, outras escolas etc., eles começam a encontrar uma forma diferente de atuar nas suas salas de aula, pois essas interações criam novas oportunidades e novas perspectivas de construir, com seus alunos, uma aula muito mais viva, muito mais real, muito mais conectada com a realidade deles, muito mais significativa para eles. Serão aulas que se integram em suas vidas e, por isso mesmo, fazem sentido para eles. Nesse momento, é quando esses professores também começam a perceber que o importante do trabalho deles é a busca do desenvolvimento das pessoas que se encontram na escola e na comunidade, desenvolvimento das crianças, dos pais, e das famílias.

A partir daí, os professores começam a pensar não só na alfabetização, não só nas aulas de Matemática, não só em algumas aulas de Ciências, mas passam a pensar no desenvolvimento dessas crianças, do ponto de vista da inteligência, do pensamento, do ponto de vista afetivo-emocional, do ponto de vista de habilidades que se desenvolvem, de atitudes, de valores, ou seja, do desenvolvimento dessa criança, na totalidade. Quando eles conseguem perceber que isso tem significado e que vale a pena, eles mudam completamente a sua sala de aula. Então, a aula passa a ser um espaço de múltiplas relações e de interações e amplia-se para outros relacionamentos, ou seja, parte do relacionamento do professor com o aluno, para ampliá-lo com o relacionamento entre alunos, dos alunos desta turma com outra turma da escola, desses alunos e desse professor com os pais, com a diretora, com a comunidade que cerca aquela escola. No momento em que se realizam atividades para que as crianças possam conhecer um pouquinho a questão de trabalho, das profissões na sociedade, chamam-se os pais para vir discutir e conversar com eles sobre suas profissões. As aulas ganham um significado completamente diferente.

ML: Mas essas mudanças são raramente percebidas. Afirma-se, isso sim, que a educação pouco está agregando porque nos índices, nas comparações, nas avaliações externas, a educação brasileira deixa muito a desejar, está sempre muito aquém do esperado. Nos *rankings* internacionais, o Brasil se apresenta sempre muito mal colocado. Mas o quanto de ganho esta criança está tendo com esse aprendizado da sociabilidade a que você se refere? Onde ela aprenderia tais comportamentos socialmente desejáveis se não fosse na escola? Então, essa é uma questão que precisa ser ponderada. No entanto, não só de formação se constitui a tarefa da escola. É preciso que reflitamos, também, sobre a questão de como trabalhar os conteúdos. O quanto essa escola está negligenciando, ou não, a questão do domínio dos conteúdos.

MM: Os conteúdos por vezes são marcados pelas provas que deverão ser feitas ou por *rankings* de aprovação de alunos em provas de Matemática ou de Português. Esses fatos podem determinar, e, em geral, o fazem, o que se deveria ensinar em sala de aula. E, muitas vezes, transmitem-se informações que não têm absolutamente nenhum significado para aque-

Educação básica

la criança, mas que ela é obrigada a aprender porque tem que fazer essas provas, tem que participar daquele evento e tem que dar um resultado positivo. Deixe-me contar-lhe um caso, uma situação bem concreta, que exemplifica tanto o que eu falei antes como toda essa questão de conteúdos. Um exemplo de como as professoras podem trabalhar diferentemente. Uma professora de Biologia da 6ª série, numa escola da periferia de São Paulo, teve de assumir uma turma de alunos que foi formada com todos os repetentes de vários anos e de várias turmas. A direção dizia que, realmente, aquele era um grupo mais ou menos perdido, que não tinha muito o que fazer com ele, mas que alguém tinha que tocar para a frente essa tarefa. Coube a essa professora.

A professora realmente encontrou um grupo desinteressado, sem saber para que servia essa escola e sem o menor interesse por nada. Começado o seu trabalho, ela principia a conhecer um pouquinho o grupo, ver o que este trazia, e descobrir o que poderia interessar-lhes. Nesse período, em São Paulo, a poluição estava em seus índices mais altos e afetou aquele bairro de uma forma muito pesada. Então, as crianças vinham para a escola com tosse, rinite, com inflamação nos olhos e outros sintomas. E as famílias também começaram a ter os problemas em casa, a mãe, o pai, os irmãos. O assunto vai parar na televisão. A professora, da área de Biologia, conversa com a classe sobre todos esses acontecimentos: *"– O que significava toda essa contaminação? O que estava acontecendo no bairro? Será tudo causado pela poluição?"* Fez, então, uma proposta para a turma: *"– Vamos tentar verificar? Vocês vão trazer as informações das suas famílias. O que está acontecendo na família de vocês?"* Levantados os primeiros

Planejamento e ação docente no espaço da sala de aula

dados, foi além: "– *Olha, tanta gente doente, isso é um problema sério. Por que vocês não vão levantar a situação do bairro? Como é que está este problema no pronto-socorro ou no ambulatório perto da casa de vocês? Conversem lá com os médicos. Vão até a farmácia, perguntem quais remédios estão sendo receitados.*"

E eles começaram a se envolver, e a professora continuou: "– *Olha, vocês têm televisão? Assistam a tais programas, a tais noticiários.*" Eles começaram a se interessar e começaram a trazer as informações: "– *Tudo bem, mas agora nós temos que estudar do ponto de vista das Ciências todas essas informações que vocês estão trazendo. Vamos entender melhor.*" Eles foram pesquisar todos os aspectos da Biologia que estavam relacionados com o problema da poluição. Fizeram pesquisa bibliográfica na biblioteca da escola, leram livros que, anteriormente, ela nem pensaria em sugerir. Ficharam, trouxeram pequenos resumos. Aí, ela fez uma revisão com eles, fez uma série de perguntas, e sugeriu que eles voltassem para os mesmos lugares fazendo novas perguntas, com mais conhecimento do assunto, para os médicos, para a mãe, para o pai. Trouxeram novas informações, reuniram-nas, planejaram uma socialização dessas informações e, orientados pela professora, confeccionaram cartazes, elaboraram pequenos trechos para os pais lerem, para as outras classes lerem. Prepararam uma apresentação, chamaram os pais, que vieram porque sabiam que o assunto era importante. Conversaram, os filhos explicaram para os pais toda essa questão da poluição, o que se devia fazer, o que não se devia fazer. O grupo levou as informações também para outra turma, e com esse material todo discutiram com seus colegas.

95

Educação básica

Quando terminou o estudo dessa temática da poluição, os alunos falaram: *"– Bem, agora qual é o novo assunto que nós temos que enfrentar?"* Então, veja como essa professora, com essa visão que eu estou dizendo para você que é diferente, que é de fora para dentro, deixou claro como o papel da escola é importante e como um grupo, do qual nada se esperava, para o qual ninguém dava valor, conseguiu se motivar, se interessar, participar, estudar...

ML: E produzir.

MM: Produzir e aprender o exercício da cidadania, porque envolveram a comunidade em toda aquela questão do combate à poluição, debateram as consequências do processo e, finalmente, queriam mais: *"– Qual é o próximo?"*

ML: A professora conseguiu falar com os alunos, com suas necessidades, com seus interesses.

MM: Deu um significado ao estudo, estabelecendo uma relação com a vida deles, a escola relacionada com a vida deles, com suas famílias, com a sociedade. E um conteúdo forte, quer dizer, para o nível deles, claro. Mas um conteúdo forte que jamais eles iriam ler se a professora só ficasse indagando: *"– Que temos que saber de Biologia? – As questões são essas, vamos estudar essas questões, é assim que eu quero."* Acho que esse "pulo do gato" é que, em aula, a gente precisaria sempre dar.

ML: Talvez, porque o professor continue com a mesma mentalidade, trabalhando com recursos, talvez

mais modernos, mas com o mesmo padrão da escola tradicional. Para mudar, para iniciar a mudança, por onde se teria que começar?

MM: Eu diria que é repensar esse papel da escola. Quer dizer, a escola não existe só para alfabetizar, e não existe só para aprender Matemática. A escola existe para ser uma organização realmente educacional. Mas, o educacional significando esse desenvolvimento, o desenvolvimento das pessoas. E, quando eu digo das pessoas, eu digo das crianças, dos professores que ali estão, dos funcionários, da diretora que ali está, da supervisora. Quer dizer, esse pessoal deveria estar num processo coletivo de educação, isto é, de desenvolvimento. E como nós vamos fazer isso juntos? Você falou dessa roupagem moderna que se tenta dar à escola que caminha numa perspectiva tradicional. Por que não caminhar como nesse exemplo que eu contei? Vimos como, de repente, o leque foi se abrindo e entraram as várias áreas para estudar um mesmo problema. Por que não trabalhar com o conhecimento em uma área multidisciplinar já na escola, ao invés de fazer tudo segmentado como até hoje fazemos?

ML: Nessa perspectiva, como é que fica, então, essa tendência, cada vez mais forte, relativa ao ensino apostilado? Apostilas produzidas fora da escola, fora do município, fora da realidade do aluno.

MM: Esse sistema favorece a acomodação de uma escola tradicional que procura, de alguma forma, apresentar uma

Educação básica

certa novidade, mas essa novidade é ter tudo pronto, acabado, apostilado, como você falou. O professor, simplesmente, vai lá para ler ou executar uma tarefa prescrita na apostila, mas que não tem nada a ver, muitas vezes, com os interesses da vida desse aluno.

ML: Com a realidade do aluno.

MM: Exatamente. Isso me lembra uma coisa triste, ocorrida na década de 1970, quando o Passarinho era ministro da Educação, e quando ele quis introduzir na universidade os chamados Cursos Operacionais, em todas as áreas. Quando chegou na educação, ele dizia assim: *"Para formar professores, mais do que um ano e meio é supérfluo, porque ele apenas tem que entrar numa sala, ler o livro didático que está lá com as crianças e mais nada. Para isso, ele não precisa mais do que um ano e meio. Bastam algumas técnicas que ele precisa aprender."* Quer dizer, naquele momento o professor foi reduzido a ler o livro que estava lá com os alunos e nada mais tinha a ser feito.

Quando eu tenho o curso apostilado, eu vejo isso, alguém definindo por mim. E, agora, veja como há gravidade nisso. Alguém definindo um esquema rígido para toda uma região, e, às vezes, para todo o Brasil, quando as realidades de educação e de vida são completamente diferentes e heterogêneas e nem são levadas em consideração. Então, você não forma, você entulha a cabeça das crianças com um conjunto de informações padronizadas, que servem para todo mundo, em qualquer lugar, a todo momento. Mas e a educação? Creio que a escola teria que resgatar seu verdadeiro papel. Como é que a gente muda a cabeça dos nossos alunos, dos nossos alunos de Pedagogia e dos nossos alunos das demais licenciaturas, para começarem a trabalhar uma escola diferente?

ML: Mas aí a gente vai esbarrar numa outra questão, que não podemos deixar de comentar, que é a desvalorização do papel do professor, da profissão docente. Como vamos querer que essa população de professores maltratados se motive? Os salários, nós sabemos, não são razoáveis. Há uma distorção da imagem do professor hoje em dia. Hoje, se considera que professor é aquele que não pôde ser nada mais além de professor e a imprensa bate muito nisso, o senso comum acredita nisso, existem, até mesmo, muitas piadas a respeito disso. A imagem do professor é sempre negativa na mídia, na propaganda, onde quer que esteja. E então como querer que esse professor tire de dentro dele a motivação para mudar? Baseado em quê?

MM: Não creio que o professor tenha que tirar de dentro dele tal motivação, mas condições teriam que ser encontradas para que – de fora – se incentivasse o professor a redescobrir o seu papel. Há muito tempo me acompanha a seguinte ideia em termos de educação pública: se, com todos os recursos que a gente tem na educação pública, em vez de fazer uma distribuição por igual desses recursos para todas as escolas, reservássemos uma parte desses recursos para investir naquelas escolas que apresentassem projetos educacionais diferenciados, onde essas questões todas de educação fossem trabalhadas em um projeto diferenciado.

Educação básica

Financiam-se esses projetos. E esse financiamento incluiria recursos para uma formação continuada de professores para realizar esses projetos e, ao mesmo tempo, melhoria salarial para quem neles estivesse trabalhando. Se a gente conseguisse, aos poucos, ir construindo e incentivando esses projetos, talvez nós tivéssemos encontrado uma forma de se dar um outro tipo de aporte para esse professor que está trabalhando na escola. Sei que existem – e existiram no passado – experiências nesse sentido, mas nada muito estimulado e com a liberdade de decisão necessária.

Sabemos que em redes municipais, por exemplo, em Diadema, Embu e outras, há várias diretorias de ensino que estão construindo projetos de escolas diferentes. E eu me pergunto se esse não poderia ser um caminho para que se possa tentar, a médio e longo prazo, repensar a educação. Ao mesmo tempo em que esses tipos de projetos começassem, envolvendo seus professores, alunos e comunidades, deveria ser iniciado um relacionamento ou interação com os nossos cursos de formação de professores nas universidades.

ML: Isso é outra questão, não é? Essa falta de diálogo entre a instituição formadora – a universidade – e a educação básica, quer seja ela privada, quer seja ela pública. A universidade forma sem dialogar com a instituição que vai absorver o professor que ali foi formado. Há um descompasso. E, na sua lógica, o que você está sugerindo é liberdade para cada escola propor, de acordo com a sua realidade. O que significaria uma mudança de visão nas políticas públicas, porque as redes de ensino são muito grandes no Brasil.

MM: Seria também uma mudança de mentalidade de quem está, de fato, no comando dessas políticas públicas. Porque, olhando de fora, a gente vê que, em geral, os grupos que comandam essas políticas são muito fortes e de pouca ou nenhuma flexibilidade para atender às diferenças dos contextos socioculturais. Às vezes, você pode mudar o secretário da Educação, você pode mudar os assessores do primeiro escalão, mas aquele grupo, que eu chamo de técnicos de carreira, aquele grupo não muda. A sensação que se tem é que essas pessoas têm uma visão cartorial da educação. Têm uma visão muito pobre, muito fechada no sentido de cumprimento de lei, uma visão burocrática que só olha quem cumpre ou quem não cumpre as centenas de regras impostas: *"– Agora tem uma nova portaria, agora tem outra. Temos que verificar."* Trabalha-se numa linha de normatização, mas o que interessa em termos de educação, isso está muito longe dessa gente. Daí a minha pergunta: até onde essa massa, presente em qualquer governo, federal, estadual ou municipal, que não entende de educação, mas entende de legislação, pode chegar?

ML: Pela sua experiência, posso deduzir que a resistência, então, não é tanto do professor? O professor é mais maleável? Ele estaria pronto para mudar?

MM: Se você der chance e condições, ele estoura, eu acho que ele muda, inova. Agora, ele precisa de estímulo. Talvez seja um caminho essa política de bônus do governo de São Paulo, ainda que muito criticada aqui e ali. Sabemos que sempre terá toda a questão dos sindicatos e do corporati-

Educação básica

vismo da categoria, pregando a isonomia etc., com o que também não concordo, pois acho que as pessoas têm que merecer. Cada um tem que receber pelo trabalho que faz e pela validade do trabalho que faz. Tem que se esforçar, tem que crescer, tem que se modificar. Mas essa é uma questão muito difícil de se discutir.

Mas o que eu penso, é que, se os professores não forem mobilizados, vai ser muito difícil que se consiga alguma coisa. Alguns projetos isolados e alguns grupos de pessoas idealistas, mas que, inclusive, podem correr o risco de um certo desânimo porque, ainda que lutando, não conseguem ver a continuidade de sua luta. A máquina burocrática emperra todas as iniciativas isoladas. E essa máquina não está consciente do que é educação. Todo mundo fala que educação básica é fundamental, só que eles não sabem o que é educação básica. Educação básica, eles acham que é colocar as crianças com cinco anos ou quatro anos na escola. Para fazer o quê? Para aprender a alfabetizar e fazer continha e estamos resolvidos na educação básica?

ML: Hoje existem sistemas de avaliação em andamento em todo o Brasil, mas não se tem, ainda, a maturidade desses sistemas, não é, professor?

MM: Exatamente. Esses testes, que realizam análises comparativas de todo mundo, me intrigam. Pessoalmente, respeito todas as metodologias de pesquisa, todos os órgãos de pesquisa. Mas eu não consigo entender como é que eles conseguem construir uma amostra tão significativa, que, pegando escolas de regiões tão heterogêneas, tão diferentes, com um

Planejamento e ação docente no espaço da sala de aula

multiculturalismo tão acentuado em todo o Brasil e com condições de vida igualmente diversificadas, consigam fazer uma comparação adequada para dizer: *"A escola aqui subiu, aquela está ruim, aquela está pior. Essa está melhor, aquela é a última."* E, além de tudo isso, em questõezinhas pontuais! O que essas questõezinhas pontuais, realmente, significam em termos de educação no Brasil?

ML: E para encerrar esta nossa conversa?

MM: Para encerrar esta nossa conversa, gostaria de ressaltar que a escola é esse espaço e esse tempo importantíssimo de encontro entre as crianças, entre os jovens, os adultos e o seu professor, que permita, para além de apenas aprender determinados conteúdos predeterminados por especialistas ou então por currículos fechados, se educar. Com uma percepção de educação que crie condições de desenvolvimento das pessoas que nesse processo estão envolvidas, como pessoas-cidadãs em sua relação social com a comunidade. Onde todos possam desenvolver esse aspecto de cidadania e, desde o começo, haja a tentativa de compreender e colaborar com a sociedade.

ML: Porque, quando isso é percebido, o conteúdo vem naturalmente. Não é que não se vá trabalhar conteúdos, esse é o equívoco de interpretação de quem não conhece educação. De achar que, por olhar a formação integral, está se negligenciando o conhecimento. É óbvio que não estamos negligenciando, estamos simplesmente dando outro enfoque, dando um sentido para isso.

MM: Dando um sentido para todo esse conhecimento, para todo esse conjunto de informações que se pretende através da escola. E só vou dar o sentido quando, através da escola, eu descobrir que não basta que eu trabalhe com o conhecimento da pessoa, mas que eu tenho que trabalhar com a sua parte afetiva e emocional, com as suas atitudes, com os seus valores, com o seu todo, com o seu relacionamento. Enfim, não é só com a cabeça. Aí eu descubro. Então, não é retirar o conteúdo, mas é dar um significado a um conteúdo que ele precisa dominar para ser alguém, para ser um cidadão, para ser uma pessoa e se desenvolver integrando todas as facetas de sua personalidade.

Marcos Tarciso Masetto é mestre e doutor em Psicologia da Educação pela PUC-SP, e professor-associado – livre-docente – aposentado da Faculdade de Educação da USP. Atualmente é professor titular da PUC-SP e da Universidade Presbiteriana Mackenzie. Atua na área de educação com ênfase na formação pedagógica de professores universitários. Publicou, além de artigos e capítulos, diversos livros na área.

Nota

[1] Parecer CME/CEB n° 07/2010, aprovado em 07 de abril de 2010 e publicado pelo Conselho Estadual de Educação de São Paulo, *Normas e Diretrizes Nacionais: subsídios para discussão*, São Paulo, Imprensa Oficial, 2010.

O DIÁLOGO NA EDUCAÇÃO

> O que se pretende com o diálogo, em qualquer hipótese [...], é a problematização do próprio conhecimento em sua indiscutível reação com a realidade concreta na qual se gera e sobre a qual incide, para melhor compreendê-la, explicá-la, transformá-la.
>
> Paulo Freire (1992: 52)

A comunicação está na base das relações humanas, quer sejam elas de natureza pública ou privada. O ser humano é um ser de comunicabilidade, de interação, sabidamente um "animal social", e necessita exercer essa sua capacidade de estabelecer múltiplas relações para conhecer o mundo que o cerca, para conhecer-se, para gerar novos conhecimentos, para estar, enfim, no mundo inserido, nele atuando como sujeito (ainda que "construído" nas relações com outros sujeitos).

A comunicação está, também, na base da formação da identidade de cada indivíduo, na medida em que ele se percebe, influenciado pela percepção que dele tenham. É demonstrativo disso o funcionamento mesmo da linguagem (verbal e não verbal) – canal privilegiado da comunicação

Educação básica

interpessoal. Fiorin (2006: 30), ao conceituar o dialogismo bakhtiniano, afirma que "todos os enunciados constituem-se a partir de outros [enunciados]".

> Numa formação social determinada, operam o presente, ou seja, os múltiplos enunciados em circulação sobre todos os temas; o passado, isto é, os enunciados legados pela tradição de que a atualidade é depositária, e o futuro, os enunciados que falam dos objetivos e das utopias dessa contemporaneidade. (Fiorin, 2006: 30)

Ora, se o enunciado não se autoproduz, não tem geração espontânea, deve-se, então, pensá-lo em vinculação com seu(s) enunciador(es), que transmite(m) seus valores e suas crenças segundo o grupo social ao qual pertence(m), sua realidade histórica, seu ambiente cultural e a ideologia que permeia tudo isso.

Brandão, analisando o conceito bakhtiniano de dialogismo, afirma a dupla orientação do discurso:

> uma voltada para os "outros discursos" como processos constitutivos do discurso, outra voltada para o outro da interlocução – o destinatário. [...]
> Constituindo-se na atmosfera do "já dito", o discurso é determinado ao mesmo tempo pela réplica ainda não dita, mas solicitada e já prevista. (Bakhtin, apud Brandão, 1995: 53)

Se o dialogismo é traço constitutivo de todo discurso, que pressupõe a existência de outros discursos – anteriores e posteriores a ele – com os quais naturalmente interage, o

O *diálogo na educação*

conceito de intertextualidade vai nos mostrar que, mesmo quando o enunciador não se dá conta, há, em seu dizer, a ressonância de uma profusão de vozes, pois, como afirma Fiorin (2006: 32), todo "enunciado se constitui em relação aos que o precedem e que o sucedem na cadeia da comunicação".

Diálogo e educação

Na escola, local de comunicação por excelência e onde tradicionalmente o conhecimento – em forma de discurso – é transmitido e/ou gerado, o espaço para o diálogo, em suas múltiplas possibilidades, deve estar sempre preservado.

Segundo Paulo Freire (1992: 69), "a educação é comunicação, é diálogo, na mediada em que não é transferência de saber, mas um encontro de sujeitos interlocutores que buscam a significação dos significados". Deverá ser, portanto, necessariamente democrática, uma vez que o diálogo só se estabelece em ambiente de efetivo respeito entre interlocutores diversos que procuram, cada um individualmente, ser sujeito de sua própria vida sem, no entanto, ignorar a existência dos demais sujeitos com suas especificidades e diferenças e que devem ser respeitados nesse processo de interação da educação formalmente instituída.

Vale (2002: 192), ao analisar a importância do diálogo no pensamento freiriano, destaca que, para Freire, o mundo humano é um mundo de comunicação e sintetiza que, para esse autor,

Educação básica

> [...] o conhecimento resulta da interação entre sujeitos, da *intersubjetividade* entre os homens, mediatizados pelo objeto que se pretende conhecer. Enquanto processo de *coparticipação* entre os sujeitos, o conhecimento novo só se dá em uma relação de diálogo.

Ainda segundo Vale (2002: 102, grifos nossos), "é a capacidade *problematizadora* do diálogo, seguida de uma ação transformadora que assegura a *práxis* educativa defendida por Freire" e ressalta que, para esse autor, "reflexão e ação vêm a ser a essência da comunicação – estando ambas mediatizadas por signos linguísticos".

A educação é processo de formação e informação e, na medida em que consiga suscitar no aprendiz o gosto pelo aprender, terá maior chance de atingir seus objetivos. O diálogo em sala de aula, ao problematizar aquilo que se ensina-aprende, dará espaço para o olhar crítico tanto de alunos como de professores, ambos envolvidos nessa tarefa de conhecer para atuar positivamente no mundo no qual se inserem.

No processo de ensino-aprendizagem, professor e alunos desempenham seus papéis específicos. No entanto, sabe-se que só terá ensinado aquele professor cujo aluno tenha logrado aprender! A aprendizagem é processo individual que será, no entanto, facilitada por determinadas condições, externas àquele que aprende, que devem ser competente e adequadamente administradas pelo professor.

Ao professor caberá, assim, estabelecer as bases para um clima democrático em sua sala de aula, onde todos sejam

O diálogo na educação

convidados a dialogar, num processo de análise crítica dos objetos de estudo trazidos para conhecimento.

O professor que ainda se prende ao modelo tradicional do processo de ensino e cultua o seu papel de detentor do saber, um saber autoritário (como ele), carregado de uma ideologia de reprodução do *status quo*, subestima a capacidade de seus alunos e banaliza a sua própria profissão, reduzida à mera pantomima, encenada por atores que não se comunicam e nada têm a dizer uns aos outros.

> O ensino direto de conceitos é impossível e infrutífero. Um professor que tenta fazer isso geralmente não obtém qualquer resultado, exceto o verbalismo vazio, uma repetição de palavras [...], semelhante a de um papagaio, que simula um conhecimento dos conceitos correspondentes, mas que na realidade oculta um vácuo. (Vygotsky, 2008: 104)

Não são poucos esses professores que, ainda hoje, não se abrem ao diálogo com seus alunos, priorizando extensas aulas expositivas "[...] que funcionam como se fossem 'canções de ninar', [...] [que,] deleitando-se narcisisticamente com o eco de suas 'palavras', adormecem a capacidade crítica do educando" (Freire, 1992: 55).

É importante ressaltar aqui o caráter problematizador do diálogo preconizado por Freire, que independe do conteúdo a ser analisado, diálogo este que aceita a divergência. Diálogo que implica na aceitação do argumento do *outro*, nem sempre idêntico ao seu, mas que nem por isso deve ser refutado *a priori*.

109

Educação básica

Numa educação voltada para a formação integral do indivíduo, que o considere seu sujeito principal e que pretenda se constituir em espaço de reflexão crítica, a presença do diálogo entre professor e alunos, considerado a principal estratégia de ensino-aprendizagem, é imperativa. Ao reforçar a presença do diálogo em sala de aula, é necessário alertar o professor para a necessidade de aprender a ouvir o que dizem seus alunos. Paulo Freire (1996: 127), sempre em relação à educação democrática e solidária, afirma que não será "falando aos outros, de cima para baixo, sobretudo, como se fôssemos portadores da verdade a ser transmitida aos demais, que aprendemos a *escutar*, mas *é escutando* que aprendemos a *falar com eles* [os nossos alunos]".

Em estudo anterior a este (Vasconcelos, 2006: 43), a ideia da influência da ação do professor na formação dos indivíduos já era debatida com a afirmação de que, do ponto de vista da formação, o que se pode depreender é que alunos, quando formados por professores autoritários, que não dialogam e que transformam a sala de aula em ambiente opressor, tenderão a ser, na vida adulta, igualmente intolerantes, inclementes e restritores das liberdades individuais sempre que estiverem ocupando posições hierárquicas superiores e em funções que lhes confiram alguma autoridade e/ou poder.

Por outro lado, ambientes democráticos – estimuladores da curiosidade epistemológica, do debate de ideias e do relacionamento dialógico – tendem a produzir indivíduos aptos a inserirem-se no mundo de maneira igualmente democrática, crítica e questionadora, não importando as posições sociais que venham a ocupar.

110

O diálogo na educação

O que não se pode confundir é autoridade com autoritarismo.

> O adequado exercício da autoridade, sendo ele fruto de um processo relacional, exige, além da legitimação por parte daqueles sobre quem essa mesma autoridade é exercida, o respeito aos limites estabelecidos ao seu poder, uma vez que o fundamento do poder está não naquele que exerce a autoridade, mas no comum acordo dos componentes do grupo que a instituiu e que a ela se sujeita de forma voluntária ou tácita. (Vasconcelos, 2006: 37)

Com receio de ser autoritário, o professor, muitas vezes, deixa de exercer sua autoridade na relação com seus alunos. Ora, tal autoridade já lhe é conferida por força de seu papel profissional. A instituição escolar já lhe confere, *a priori*, a condição de autoridade em sala de aula: é o professor o responsável primeiro pelo planejamento e organização das atividades educativas que resultarão em aprendizagem por parte dos educandos; é o professor que reconhecidamente é detentor de um saber que seus alunos buscam conhecer.

Como toda autoridade, no entanto, a do professor deverá ser legitimada por seus alunos e, certamente, ela o será a partir de sua competência. Espera-se que todo docente domine o conteúdo específico com o qual trabalha e saiba, também, como transmiti-lo. Competência acadêmica (o domínio do conteúdo), competência técnica (o saber como fazer/aplicar) e competência pedagógica (o saber ensinar) são três componentes indispensáveis ao adequado exercício da autoridade do professor.

111

Educação básica

Por outro lado, não se pode esquecer que o papel docente só se efetiva na presença e em razão da existência do aluno, *o outro* que o vê, o ouve e a ele reage numa relação mediatizada pelo discurso, discurso esse que, voltado para a aprendizagem, deve ser ouvido, compreendido e reinterpretado por aqueles a quem se destina: os alunos. Posteriormente, tal discurso será por eles lembrado e (re)elaborado individualmente.

Assim sendo, para que o discurso do professor tenha ressonância em seus alunos, ele deverá necessariamente ser dialógico, ainda que, no espaço da educação formal, seja o professor aquele que conhece, que sabe e que ensina àqueles que, por saberem menos, desejam aprender.

Para aprender, no entanto, é preciso que o aluno seja considerado na sua singularidade e na sua existência como sujeito autônomo, dotado de identidade própria, desejos e experiências, que devem ser respeitados pelo professor.

O DIÁLOGO EM SALA DE AULA

Ao longo deste capítulo, o que se tem afirmado é que, em sala de aula, o diálogo entre professores e alunos é indispensável para que o processo de ensino-aprendizagem venha a se concretizar produtivamente e em bases democráticas.

Ao criticar a educação bancária, tradicional, verticalizada, livresca, repetidora de conceitos alheios, cristalizadora do *status quo* e autoritária, Paulo Freire, em toda a sua obra, aponta o diálogo como método e como recurso, que é a base de sua pedagogia.

O diálogo na educação

A sala de aula, espaço onde se efetiva a educação formal, é palco do processo de interação entre professores e alunos. Essa interação, permeada pelo discurso pedagógico, é regulada por normas institucionais e reflete a *práxis* do professor, que atua como coordenador desse processo. Vale ressaltar que, de todos os recursos à disposição do professor para suas aulas, desde a simples lousa até as mais avançadas tecnologias da informação e comunicação, é o seu discurso o mais poderoso meio para comunicar-se com seus alunos, discurso este sempre carregado de intencionalidade, de valores e de significação e que deve, portanto, ser crítica e conscientemente trabalhado por todo docente em ação.

Sabe-se que o professor, no exercício de suas funções profissionais, situa-se numa posição hierarquicamente superior à do aluno, pois assim o determinam as normas e regulamentos escolares. Essa posição hierárquica é o que lhe garante o direito (e o dever) de falar, transmitindo conhecimentos por ele previamente selecionados, passando como verdadeiro o saber científico, cultural e institucional.

> O diálogo entre professores ou professoras e alunos ou alunas não os torna iguais, mas marca a posição democrática entre eles ou elas. Os professores não são iguais aos alunos por *n* razões, entre elas porque a *diferença* entre eles os faz ser como estão sendo. Se fossem iguais, um se converteria no outro [...]. (Freire, 2000a: 118)

O que vai variar, e muito, de professor para professor, é a maneira como ele se envolve com o ato de educar – que vai muito além do simples transmitir e/ou informar. O quanto

113

Educação básica

cada um permite que seus alunos também se envolvam com as ações de sala de aula. O quanto cada docente pretende e consegue instigar seus alunos a pensarem crítica e autonomamente a respeito do conteúdo disciplinar trabalhado e com relação ao mundo que os cerca. O quanto, em resumo, cada um permite – e incentiva e explora – o diálogo em aula.

Faz parte do papel docente o adequado gerenciamento do espaço sala de aula. Do planejamento cuidadoso e competente do curso e de suas aulas vai depender o sucesso dessa empreitada conjunta de professores e alunos a cada período letivo, intermediados pelo diálogo.

É preciso, no entanto, deixar claro a que tipo de diálogo aqui se está referindo.

Fiorin (2006: 24) esclarece que, ainda que o vocábulo "diálogo" traga, usualmente, a ideia de conciliação, essa é uma aproximação aligeirada de uma ação muito mais rica e multifacetada. As relações dialógicas tanto podem ser, segundo o autor, "[...] contratuais ou polêmicas, de divergência ou de convergência, de aceitação ou de recusa, de acordo ou de desacordo, de entendimento ou de desinteligência, de avença ou de desavença, de conciliação ou de luta".

E é desse diálogo, aberto, polissêmico, democrático, que fala Paulo Freire. É desse diálogo que se necessita para uma educação democrática e libertadora. Um diálogo que pretende trazer o senso crítico para as discussões realizadas em aula; um diálogo que parta da experiência, da inquietação e da curiosidade para chegar a um conhecimento construído, problematizado que auxilie os educandos a compreender a realidade para, assim, buscar transformá-la.

O diálogo na educação

> O diálogo [...] não *nivela*, não reduz um ao outro. Nem é favor que um faz ao outro. Nem é tática manhosa, envolvente, que se usa para confundir o outro. Implica, ao contrário, um respeito fundamental dos sujeitos nele engajados, que o autoritarismo rompe ou não permite que se constitua [...]. (Freire, 2000a: 118)

Deve, portanto, o professor compreender que a educação escolar se dá entre sujeitos, que embora desempenhem papéis diferentes (ainda que complementares), são ambos sujeitos de um mesmo processo, o de ensino-aprendizagem, e que "a relação dialógica [...] não anula, como às vezes se pensa, a possibilidade do ato de ensinar. Pelo contrário, ela funda este ato, que se completa [...] no outro, o de aprender" (Freire, 2000a: 118).

Não há, portanto, porque temer o diálogo. O professor competente não se vê ameaçado pelos questionamentos, dúvidas, sugestões e, até mesmo, as contribuições que seus alunos certamente lhe trarão. Ao contrário, sente-se agradavelmente surpreendido quando percebe ter ele também aprendido com as reflexões feitas em conjunto, com esse aluno curioso e questionador.

Assumido o diálogo, não há também por que o professor temer exercer sua autoridade, organizando as atividades em aula, controlando os turnos de fala de seus alunos, garantindo, enfim, a possibilidade de participação para todos, sem monopólios, estrelismos ou desorganização. É preciso garantir o direito de expressão a todos os alunos, respeitados em suas diversidades, quer sejam elas de natureza individual, sociocultural ou econômica.

Educação básica

FORMAÇÃO DE PROFESSORES
PARA O DIÁLOGO

Em educação, teoria e prática caminham juntas num processo de retroalimentação constante. Refletir sobre a própria ação pedagógica para atualizá-la, reinventá-la, é premissa para a atuação de todo professor que pretenda ser competente.

Nos cursos de licenciatura, formadores de professores, tornados mais breves e com carga horária cada vez mais reduzida, a prática educativa é, na maioria das vezes, muito superficialmente apresentada ao aluno em formação, que acaba restrito apenas aos estágios de observação nem sempre produtivos e poucas vezes discutidos com a profundidade necessária, nas aulas de curso superior.

Tome-se como parâmetro para comparação, a formação prática de um futuro médico. Além de um curso de cinco anos, com diversas disciplinas que já inserem os alunos no mundo prático do futuro exercício profissional, o médico cumpre três anos de residência hospitalar em que, acompanhado por tutores, aprende a, de fato, exercer sua futura profissão.

Já o futuro professor, além de uma formação compactada em três anos, pouco se reserva para a prática. Como mencionado anteriormente, parte-se do princípio que o estágio de observação garantirá aos futuros professores um leque de experiências suficiente para seu início profissional.

Esse estágio, realizado em escolas públicas ou privadas, é subaproveitado nas aulas de Prática de Ensino e/ou

116

O *diálogo na educação*

Didática, uma vez que a discussão dos relatórios apresentados pelos alunos, quando é feita, é carente de aprofundamento, pois multiplicando-se o número de alunos da turma pelo número de horas cumpridas nos estágios tem-se uma impossibilidade clara para uma análise mais acurada das realidades assistidas.

Aqui se tem, portanto, um paradoxo: forma-se o profissional que deverá, no futuro, formar indivíduos reflexivos e críticos sem lhe propiciar o devido tempo qualificado de reflexão-crítica sobre o fazer pedagógico – caminho para a efetivação do processo de ensino-aprendizagem.

O professor em formação deve aprender a respeitar – e estimular – a curiosidade dos alunos, pois é a curiosidade que os levará, segundo Freire (2005: 86), ao questionamento, à busca do conhecimento, à ação, a novas perguntas que resultarão na aprendizagem por todos pretendida.

A curiosidade é naturalmente estimulada pelo diálogo. Ao professor compete "estimular a pergunta, a reflexão crítica sobre a própria pergunta, o que se pretende com esta ou com aquela pergunta em lugar da passividade em face das explicações discursivas do professor" (Freire, 2005: 86).

No entanto, Paulo Freire ainda adverte que estimular o alunado com perguntas não significa cair na armadilha do perguntar por perguntar, de um fazer burocrático e estéril, e vai além:

Educação básica

> A dialogicidade não nega a validade de momentos explicativos, narrativos em que o professor expõe ou fala do objeto. O fundamental é que professor e alunos saibam que a postura deles, do professor e dos alunos, é *dialógica*, aberta, curiosa, indagadora e não apassivada, enquanto fala ou enquanto ouve. O que importa é que professor e alunos se assumam *epistemologicamente curiosos*. (Freire, 2005: 86)

Toda ação educativa é ação compartilhada e deve envolver professor e seus alunos em torno do objetivo comum do ensinar e aprender. É por meio do diálogo que um e outros se aproximarão numa rotina que não precisa ser opressora nem desencantada. Do respeito mútuo, do saber ouvir e da consciência de que se está sempre aprendendo é que se efetivará o papel formador, crítico e conscientizador da educação de matiz democrático.

Não há fórmulas prontas nem caminhos infalíveis para a educação formal. No espaço escolar, professores devem desenvolver suas atividades profissionais focados nos estudantes – o ato de ensinar pressupõe que o ato de aprender venha a ocorrer, e será o diálogo, estabelecido em clima de liberdade de expressão, que possibilitará que o processo de ensino-aprendizagem venha a se efetivar.

O diálogo na educação

O TEMA EM DEBATE

Zilma Oliveira é pedagoga, com mestrado e doutorado em Psicologia. Sua atuação acadêmica volta-se para o campo do desenvolvimento humano, atuando principalmente nos seguintes temas: creche, interação criança-criança, sociointeracionismo.

ML: Muito se tem falado da necessidade de se levar ao professor novas tecnologias, muito se tem falado, também, da pouca formação que hoje se dá ao professor, principalmente na direção do uso de novas tecnologias. Com vistas à melhoria da qualidade da educação, cobra-se muito do professor a inovação na sala de aula, mas não lhe parece que está muito minimizada a importância de se estabelecer, em sala de aula, um bom diálogo entre docentes e alunos?

ZO: Claro, concordo plenamente, mas, para iniciarmos esta nossa conversa, eu gostaria de falar um pouquinho a respeito do meu olhar, que é um olhar que vem, também, pela psicologia do desenvolvimento. Já se pensou de formas muito diversas a respeito de como as pessoas modificam o seu jeito de ser e aprendem, ou conhecem, ou qualquer nome que quisermos dar a esse processo de mudança. E, na verdade, cada vez mais se tem um conjunto de diferentes linhas teóricas, uma delas, a mais famosa, é a de Vygotsky, que afirma ser a mente social. É uma mente que conversa com outras mentes e, para ela ter chegado nisso, anteriormente, ela conversou socialmente com pessoas. E essa con-

119

Educação básica

versa social começa no nascimento e prolonga-se ao longo da vida.

Então, digamos: nessa perspectiva, toda vivência é social e carrega com ela um conjunto de papéis que são exercidos. Quer dizer, eu estou vivendo em uma determinada situação em que certas coisas estão ocorrendo, em que certas coisas são esperadas de mim, e eu também espero alguma coisa do lugar onde eu estou; nestas situações, se vai trocando e se vai, de alguma forma, construindo argumentos, ou emoções, ou jeito de falar, ou jeito de pensar, que ocorrem naquele momento, mas que, mais tarde, são reproduzidos. Isso aparece muito em criança, que escuta algum tipo de diálogo e, de repente, até mesmo com suas bonecas, num outro dia, ela usa o mesmo diálogo, a mesma posição. É uma situação que todo mundo acha muito engraçada, mas não é só para achar engraçada, é para perceber como isso está marcando as pessoas, as crianças ou adultos; esquecemos o quanto isso marca a nossa fala, o nosso jeito de seduzir alguém, ou de explicar alguma coisa para alguém.

Bom, se essa relação é a básica, ela não é a única. Então, existe a relação dos mais velhos com os mais novos; existe a relação entre os pares da mesma idade, pode ser jovenzinho ou criança, e também existe a relação da pessoa consigo mesma. E todo mundo sabe que ficar sozinho pensando o que fazer amanhã é um diálogo na cabeça da pessoa, é um diálogo muito mais tenso do que a real situação que eu vou enfrentar amanhã, por exemplo. E também o diálogo da pessoa com algum objeto da cultura. Exemplo: a pessoa está assistindo a um filme e está se pondo em um dos personagens, está sofrendo igual ou está achando que ela faria diferente. Ela participa do filme. Ou, então, está lendo um livro e acontece a mesma coisa, ou ela está lendo um livro e começa a se perguntar: *"– Mas de onde ele tirou isso?"* Ou, então, ela começa a ler um livro e começa a ficar brava com o autor, ou ficar feliz com o autor.

Então, na verdade, é como se ela estivesse conversando com um autor que não está ali. As tecnologias, cada vez mais, são criadas em cima desta lógica: tanto elas te põem para conversar com outras pessoas, nessas redes de comunicação, como, de todo jeito, a tecnologia é um tipo de diálogo de instrução. Há um lado em que ela é muito instrucional: *"– Faça isso, obedeça."* Mas tem um outro lado em que ela dá opções, em que ela abre um pouco. Ou, então, ela vira livro, tornando-se, portanto, um objeto como os outros objetos. Então, eu acho que, se por um lado, é real essa questão da tecnologia, é real, também, que a tecnologia que temos se baseia num modelo de relação.

A minha dúvida: quando uma geração de crianças vem, muito precocemente, colocada dentro de um modelo de tecnologia em vez de viver diferentes relacionamentos, mesmo que mais instáveis, mais emocionais, ainda que tais relacionamentos, às vezes, nos pareçam pouco inteligentes, uma criança que cresce tantas horas sob o impacto da tecnologia será o quê? Será bom, porque vai ter um tipo de funcionamento cognitivo, entre aspas, limpo de emoções, porque já seria assim programado... É programado, portanto, tem uma dosezinha certa de emoção, tem uma dosezinha certa de tudo, mas não tem vida. Ou, então, como fica essa criança, por outro lado, se ela, ao mesmo tempo que tem essa experiência com esta tecnologia, continua vivenciando outras formas produtivas e lúdicas, irônicas, críticas, qualquer adjetivo que se queira dizer, da provocação intelectual, de uma conversa da criança com uma outra pessoa ou com várias adolescentes. Portanto, podendo até gerar modelos para a tecnologia.

Então, eu não fico num amor ou desamor, eu fico acompanhando. Tem tecnologia que eu acho um desastre, tem tecnologia que eu acho provocativa, mas não é isolado: ela é provocativa ou um desastre no conjunto de vida dessas crianças. Para ver o lado do conjunto de vida, eu tenho que ver televisão, família, bairro, condomínio – porque, hoje, não se fala mais em bairro, você tem que falar no condomínio, ou na pracinha, ou no que quer que seja – escola e, na escola, o método.

O método é uma coisa interessante, porque ele é um ritual de conversa. Há rituais em que só existe uma resposta. Em uma turma, eu fiz uma pesquisa. A professora fala: "– *Vocês vão pintar de ama...*", e os alunos completam: "– *...relo.*" E existem rituais que são muitos provocativos. Na mesma época, em outra escola, com crianças da mesma idade, 5 anos, a professora falou para a criança: "–*Se eu fosse você, eu saía e ficava lá fora.*" Ele responde: "– *Se você fosse eu, você não saía, porque você não deixava.*"

Comparativamente, são duas crianças, na mesma época, em duas escolas diferentes. Claro que a primeira está numa creche que atende população de baixa renda e a outra está na pré-escola de classe média intelectualizada. E você fala: "– *Mas os dois estão sendo colocados em dois modelos de diálogos.*" E vai dar diferença no trato que elas vão conseguir nessa sociedade mais sofisticada. Então, eu acredito que haja esse tema da interação. É um tema superimportante, mas com as suas dificuldades.

ML: Aí, eu fico imaginando a questão da formação, mesmo. Dessa questão que se diz, tão batidamente e de forma tão vazia, hoje em dia: "Formar para o exercício da cidadania." Ora, se nós não cuidarmos desse aspecto da comunicação interpessoal na escola, onde se aprende e se exercitam papéis sociais de liderança, de cooperação, ou até de agressão – hoje, o *bullying* tão presente, tão preocupante –, como fica, então, esse adulto e cidadão? Quando ele, ainda hoje, mesmo com propostas metodológicas mais ousadas, pretensamente mais criativas, ele é impedido de pintar da cor que queira o desenho que lhe foi dado! Ele é impedido de se manifestar contrariamente a uma decisão do professor! Ele é impedido de se comunicar com o colega, porque seria uma quebra de hierarquia! Nós ainda hoje estamos na escola tradicional, Zilma?

ZO: Estamos. Você tinha comentado a respeito da formação. Eu costumo dizer: formação é a forma de. Eu tenho uma forma de ver o mundo e eu posso adjetivar: é uma forma pedagógica, ou então, é uma forma política, ou ainda, uma forma religiosa. Eu adjetivo a forma. No caso do exercício da profissão, eu tenho uma forma de ver e fazer a profissão. Portanto, quando nós entramos no curso de formação de professores, eu não estou com um professor zero quilômetro. Eu estou com um professor que tem 11 ou

Educação básica

14 anos de observação, de vivência de modelos... de sala de aula, inclusive, em épocas mais sensíveis da vida dele, de modo que eu tenho, na verdade, um mar de pessoas já formadas. Então, eu acho que os nossos cursos de formação de professores têm de transformar; não é uma questão de formar, é de transformar a forma.

ML: A força do modelo pesa muito.

ZO: A força do modelo, que, inclusive, não está mais vivo. Porque, se ele estivesse...

ML: É, modelo acumulado.

ZO: Acumulado.

ML: Quer dizer, é um modelo remendado... É um Frankenstein, não é?

ZO: É. A gente diz que os pais e as mães ficam conosco para sempre e os professores podem não ficar, individualmente. A gente, às vezes, esquece de todos...

ML: Sim, mas alguns marcaram positivamente?

ZO: O conjunto deles. Eu não acho que eu tenha um único modelo de professor, mas eu tenho o conjunto deles que me pôs no papel de aluno, me ensinou alguma coisa. E, com relação à história da proibição, de proibir de fazer alguma coisa, acho que a proibição tem um efeito, sim, no sentido

O *diálogo na educação*

de que não é que ele me proíba apenas, é que ele me põe para fazer outra coisa. Então, ele me exercita outro tipo de ação; ele me forma para outro tipo de raciocínio; ele me forma para outro tipo de afeto. Embora todos nós saibamos que, desde pequena, a criança tem certa noção de que esse professor é muito "chato", porque ele proíbe.

O que eu quero dizer é que o professor tem rituais que o aluno só pode demonstrar que vai transgredir se fizer uma bagunça muito grande. Aí, a coisa fica ruim para ele. Alguém precisava ajudar esse aluno a falar assim: "*– Seu professor te proibiu. Como você está? O que você vai fazer agora?*" Porque a maioria deles tem noção. Eu acho, inclusive, que o professor que proíbe ou o professor que tem uma expressão, assim, um pouco mais rude, a criança reconhece como alguém em que ela precisa prestar atenção. O problema é o professor bonzinho. Porque o bonzinho vai pondo você para fazer o que ele quer e te impedindo de fazer o que ele não quer, só que ele nunca falou isso com todas as letras. Esse é outro tipo de formação, que talvez seja tão forte quanto, ou até mais forte do que a do professor que realmente é um carrasco e autoritário.

ML: Que meio-termo seria, então, possível?

ZO: Um meio-termo de revisões completas. Primeiro, que não há perfeição humana e o professor tem que aceitar isso. Ele tem que aceitar que vai entrar em uma relação que é de tensão. Eu costumo falar que é um confronto, mas de duas frontes. Eu, do jeito que eu sou, cada criança do jeito que ela é. Então, são duas frontes, porque nós estamos frente a

125

Educação básica

frente. Então, esse frente a frente nos leva a nos confrontar: eu penso uma coisa, ele pensa outra; eu entendi errado o que ele falou, ele também não entendeu, eu não fui claro no que eu falei. Então, é todo um balé, uma dança de entendimento, que é um exercício diário, que dá a sensação de se estar em suspenso. Mas é mais saudável do que se fosse assim: "– *Bom, eu falei e ele me obedeceu. Ponto.*" Isso não existe: "*Eu falei, falei dez vezes, ele repetiu nove vezes, ele me devolveu nove vezes. Eu acho que ele vai fazer.*"

Então, o professor sai por uma *possibilidade*, em vez de sair com uma *certeza* de obediência, ou, então, de não obediência. Por exemplo: "*Eu tenho certeza que ele não vai me obedecer. Mas, eventualmente, eu pus alguma coisa para ele pensar.*" São, portanto, duas posições sobre as quais o professor pode pensar. O que eu sinto é que nós, como professores, criamos uma profissão tão perfeita e limpa de emoções, tão idealizada...

Se eu falar para você: "– *Vamos ser um pouco mais humanos?*", aí a coisa cai para o oposto, no sentido de que tudo pode, tudo vale, se eu estou com dor de cabeça, eu jogo em cima das crianças etc. Mas não é disso que estamos falando. Nós estamos falando que o ser humano é um ser humano. E a criança, também, só vai lidar saudavelmente com as coisas dela se tiver um adulto também consciente das suas dificuldades e tentando ser o melhor possível. Então, esse esforço é sadio, não é massacrante, um esforço que arrasa. É essa que é a ideia: romper com relações de dominação: "– *Ah, mas então o aluno vai dominar o professor?*" Não, nós estamos falando de outra coisa, que os dois lados estão ali: o professor para entender aquela criança, aquele adolescente, e ele para

O diálogo na educação

entender o professor. Ele também precisa entender o outro dessa relação.

ML: Talvez o que ocorra, na maioria das vezes, é que os diferentes momentos vão trazendo desenhos diferentes de papéis, de distintas formas de desempenhar o papel docente. E o professor, então, temendo ser autoritário, não exerce a autoridade. E o aluno espera que o professor a exerça. Então, às vezes, o professor, por pura desinformação, confunde o limite de sua autoridade e, ao se confundir, deixa o seu aluno confuso porque, quando os limites não estão claros, o aluno também não sabe muito bem como deve se comportar, ainda mais porque o aluno não tem um único professor. Então, se exige do aluno uma maturidade que ele ainda não tem.

ZO: Certo, e aqui eu pegaria um pouquinho a questão da metodologia. Tem-se, no Brasil, um ideal de professor que se refere à sua presença pessoal. Ao mesmo tempo, se fizeram muitas críticas aos métodos como coisas inadequadas. Conclusão: eu tenho um ser humano sensibilizado com outra criança e eu não estou dando, para ele, instrumentos de trabalho. Eu penso que nós temos de investigar, de analisar, criticar as formas de trabalho inadequadas, inconvenientes, qualquer que seja o critério, mas temos de recolher essas formas de trabalho, porque isso permitiria uma maior união, quer dizer, pontos comuns entre os vários professores. Em cima desse ponto comum, aí apareceriam as personalidades. Agora, personalidades diferentes em cima de ações diferen-

127

Educação básica

tes confundem muito. E dão ao aluno o direito de ser, também, diferente com cada um de seus professores.

A metodologia de hoje não pode ser nada voltada ao tempo em que as coisas tinham uma configuração mais determinada, mas voltada para a ação da criança em sala de aula e do professor em sala de aula. A sequência das coisas, uma certa rotina, uma saudável e criativa rotina, isso nós temos de procurar. Porque, se isso existe, toda essa questão da relação fica facilitada. Tem uma base em cima da qual o professor pode procurar estabelecer suas ações, individualizar para alguns, dar respostas coletivas para todos. Então, quando alguém me fala: *"– Mas eu tenho 30 alunos, como é que eu posso individualizar o meu aluno?"* Se eu tivesse 30 adolescentes, alguns dos comandos de uma boa metodologia funcionariam para 25 alunos. Portanto, eu só me preocuparia com os 5, ou 10, para os quais o comando não funcionou. Eu não precisaria de 30 comandos diferentes, mas sim de um bom comando que atingisse 25. E não serão sempre os mesmos 5. Tem hora que aquele que sempre entendia não entende, outro que nunca entendia passa a entender. Então, eu penso que a gente está com uma mistura de visões da relação professor-aluno como uma relação interpessoal, e visões da relação professor-aluno como uma relação de papéis, exercício de práticas culturais que assegurem produção de conhecimento. Neste ponto, então, eu chego na formação universitária. Um curso de formação de professores recebe aquele conjunto de professores que tiveram a possibilidade de fazer uma opção que já se sabe que, salarialmente, não vai ser a melhor opção do mundo.

Então, eles deveriam ser bem recebidos, no sentido de bem apoiados, mas também reconhecer que eles precisam ser

O diálogo na educação

apoiados em termos de revisão dos modelos que eles têm de relações interpessoais e do modelo que eles têm de relações de exercício de modos de trabalhar, de funcionar, de pensar e de ler texto. Agora, eu acho que isso seria uma base para a relação que nós estamos discutindo, a relação professor-aluno, que é uma relação que tem, pelo menos, duas vertentes, a vertente interpessoal e a vertente produtiva, de ação profissional, do vínculo profissional.

ML: E o diálogo com as famílias? Cada vez mais difícil esse diálogo, não?

ZO: Mas difícil em qualquer nível de ensino e em qualquer nível econômico. Todo mundo fala das famílias mais pobres, mas, não, a dificuldade está com todas as famílias. Inclusive, a gente começa a pensar nas nossas próprias famílias. Do quanto o nível de exigência, muitas vezes, é confuso. Que a mesma pessoa que é exigente, por força do seu trabalho, é obrigada a deixar o filho por horas, terceirizando a criança por longas horas. E, de repente, não se sabe se é o excesso de comando ou a falta dele que faz com que haja crises de consciência e cobrança. Corre na internet uma figura, como se fossem duas gravuras nas quais o professor está em sua mesa, a criança está na frente e os pais estão em pé. No passado os três estão do mesmo lado, brigando com o menino: *"– Olha o que você fez!"* Agora, a criança e seus pais estão contra a professora: *"–Olha o que você fez!"*

ML: É uma mudança de postura da família frente ao professor e à escola.

129

Educação básica

ZO: É. E que acompanha esse nosso discurso mal digerido de que, realmente, a questão da aprendizagem não é uma ação do aluno, mas é um processo da responsabilidade da escola. Então, aí, a gente culpa a escola. Então, fica uma situação...

ML: Muitas vezes, a família culpa a escola porque sabe da sua própria omissão e precisa achar um culpado que seja o outro, e não ela mesma.

ZO: Sim. E, na verdade, o contrário também existe. Quer dizer, quando uma escola não está conseguindo dar conta da sua tarefa, ela vai acusar a desnutrição da criança e o fato de a família ser desestruturada.

ML: Sim, sempre a procura de terceiros. De dentro para fora ou de fora para dentro.

ZO: Creio que a solução tem que ser voltada para a ação, fazer coisas. Eu vejo muitos combinados de: *"– Vamos fazer isso junto, vamos trocar..."* Porque eu acho que isso vem antes de trocar os sentimentos e as concepções. Eu não acho que a gente vá conseguir que os dois grupos se amem antes de ver coisas reais acontecendo. E, neste sentido, eu vejo que escolas que admiro são escolas que reconhecem, sim, o problema das famílias, ainda não têm a melhor relação com a família, ainda sofrem uma série de episódios, ou entrevistas, ou de situações, bilhetes etc.

Mas essas escolas se lançam em uma programação que pega a criança e sua família e dá um sentido diferente, mostra o seu trabalho chegando até a família. Não são as escolas que já

O diálogo na educação

resolveram isso, mas são elas que estão mais no caminho do que aquelas que ainda estão brigando: *"Quem é melhor? Qual dos dois lados é melhor?"* Quem trabalha com criança pequena, a gente sabe que o problema da criança pequena é mais sério porque está mais ligado à mãe. O bebê reconhece o cheiro, ele sabe o cheiro da mãe e da empregada. Não sendo o cheiro da mãe, da empregada ou do pai, tudo é estranho. Já com a criança mais velha, é só você começar a contar a história da Cinderela, ela fala que o pai dela comprou um carro. Você segue um pouco, ela vai dizer que: *"– A minha mãe fez não sei o quê."*

Então, pai e mãe se misturam com tudo e não dá para a gente falar: *"– Olha, é proibido falar de pai e mãe aqui. Não, família não entra."* Ela entra, ela entra mais do que as nossas. Nós temos que pegar espaço na vida do aluno. Ele tem uma vida pessoal tão forte que, no nosso caso, nós vamos pegando espaço nos buraquinhos que eles deixam. O nosso adolescente talvez não. Ele já está numa fase de busca da independência. Nem um nem outro e, então, tudo entra, os *punks*, os *rappers*, tudo entra. Nessa fase, os pais nem são lembrados: *"– Sou filho de quem?"* Mas isso é mais tarde, porque o pequetito não consegue se desligar daquele universo familiar.

ML: Mas, necessariamente, tem que se ter a família próxima?

ZO: Tem que ter. Mas é uma discussão internacional. Eu já vi essa discussão... Só para dar um exemplo: como é que já existiu colégio interno em outro país? Colégio interno em outro país seria o exemplo máximo de a gente achar que pode prescindir da família.

ML: É quase um exílio.

ZO: Um exílio. Um exílio e um asilo, porque, também, não tem família. A não ser família enquanto representação da sua nobreza, mas não existe uma família concreta, que esteja ali, fazendo acompanhamento diário. Que a criança perceba certas relações afetivas da mãe. Não existe, está longe. Então, nós, hoje, que temos essa vida próxima em que não há esse colégio interno nem mais o colégio interno em outro lugar, então nós estamos convivendo, todo mundo está convivendo. E eu sinto que nós, também, professores, teremos de aprender a manejar essa convivência, sem sermos antipáticos, ou esnobes, sem sermos psicólogos nem nada, mas também sem nos misturar demais. É um papel diferente.

Zilma de Moraes Ramos de Oliveira é graduada em Pedagogia pela USP, com especialização em Orientação Educacional na mesma universidade. Fez mestrado em Educação (Psicologia da Educação) pela Pontifícia Universidade Católica de São Paulo e doutorado em Psicologia (Psicologia Experimental) pela USP. Atualmente é professora-associada da USP e Conselheira Titular do Conselho Municipal de Educação de São Paulo. Tem experiência na área de Psicologia, com ênfase em Psicologia do Desenvolvimento Humano. Atua principalmente nos seguintes temas: creche, interação criança-criança, sociointeracionismo. É autora de diversos livros na área, além de diversos capítulos de livros e artigos.

No texto jornalístico, um olhar externo para a educação

> Para mim, o problema não é evasão, é expulsão. As escolas expulsam muito mais do que delas se evadem os alunos. Esse é um problema que tem que ser discutido, criticado, analisado. [...]
>
> Paulo Freire (2001: 253)

A educação, de poucos anos para cá, transformou-se, felizmente, em tema central nos debates carregados de preocupação com o desenvolvimento nacional. Exemplo disso é o espaço que ela passa a ter na imprensa, diariamente.

Os meios de comunicação em geral e a imprensa em particular têm a função de informar a população dos mais variados fatos ocorridos. Paralelamente, esses mesmos veículos − jornais (em suas diferentes mídias), revistas, rádio, televisão, redes de computadores com seus blogs e Twitter dentre outros − atuam como influentes formadores de opinião, possuindo o poder de arregimentar incontáveis seguidores. Informar, divulgar e persuadir são diferentes enfoques, possíveis a qualquer meio de comunicação.

No lugar de destaque hoje dado à educação, no âmbito das questões políticas nacionais, podem todos ver − professores, alunos e familiares − um retrato estampado dos pro-

Educação básica

blemas mais marcantes com os quais convive o ensino nas escolas brasileiras, retrato este que passa pelo olhar daqueles que fazem da comunicação seu espaço profissional.

Não é minha pretensão, neste capítulo, apontar erros ou acertos das análises feitas pela mídia em geral, quando esta se refere à educação. Minha intenção é verificar como se dá, no presente momento, essa relação. Quais os temas mais frequentemente abordados e sob que ótica? Como é vista a comunidade educacional brasileira pelos meios de comunicação? O que dela se cobra? O que nela se critica? E as políticas públicas implementadas, como estão avaliadas? Há, também, acertos apontados?

Apesar da "morte anunciada" dos jornais impressos, eles representam, ainda hoje, poderosíssimo canal de comunicação de massa. Os dois principais jornais de São Paulo — *Folha de S.Paulo*, com média de circulação de 294.498 exemplares diários, e *O Estado de S. Paulo*, com média de 236.369 exemplares[1], isso sem contar os milhares de acessos aqui não contabilizados das versões on-line dos dois veículos — exemplificam muito bem esse poder comunicativo. Acrescente-se, ainda, que esses dois veículos servem de base para as informações veiculadas diariamente em informativos radiofônicos, telejornais, blogs, Twitter e outros. Escolhemos, então, esses dois jornais para construir um roteiro de como tem se manifestado a imprensa a respeito da educação.

Num período de 12 meses, de julho de 2009 a junho de 2010, verificamos os editoriais desses dois jornais, selecionando aqueles que se dedicavam ao tema de nosso interesse: educação. Foram 39 os editoriais — 22 da *Folha de S.Paulo*

(*Folha*) e 17 de *O Estado de S. Paulo* (*Estadão*) – que trataram do tema ao longo desse período, publicados, portanto, em pouco mais de 10% dos 365 dias pesquisados.

Editorial, segundo o dicionário eletrônico Houaiss, é um "artigo em que se discute uma questão, apresentando o ponto de vista do jornal, da empresa jornalística ou do redator-chefe; artigo de fundo". A partir dessa definição, esclarecemos o porquê da escolha feita pelos editoriais, norteadores da política editorial de cada jornal e canal de comunicação com os leitores, que se sentem mais ou menos identificados com um ou outro periódico. Assim, não privilegiamos reportagens, mas apenas os editoriais que, além de destacar determinados assuntos, trazem o ponto de vista do veículo.

Buscamos classificar os textos apresentados por grandes temas[2] e os dividimos em grupos:

Editoriais classificados em grandes temas.
Período: julho de 2009 a junho de 2010.

Título	N° de editoriais *Folha*	N° de editoriais *Estadão*	Total de editoriais
Qualidade da educação básica	08	01	09
Professores	04	03	07
Falhas do Enem	03	04	07
Apeoesp	01	05	06
Ensino médio	03	01	04
Educação pré-escolar	03	–	03
Outros	–	03	03

Fonte: *Folha de S.Paulo* e *O Estado de S. Paulo.*

A partir dessa seleção, construímos um texto com o qual pretendemos apresentar a síntese do que foi veiculado na im-

Educação básica

prensa, no período de um ano (22/09/2010–22/09/2011), e que representasse o "olhar" da imprensa para a educação.[3]

O texto a seguir, que retoma as vozes dos editores dos dois jornais pesquisados, ainda que ligeira e superficialmente, remete-nos à lembrança de Roland Barthes em seu famoso *Fragmentos de um discurso amoroso*,[4] que, entrelaçando recortes, apresenta uma narrativa plena de uma intertextualidade intencional.

O OLHAR DA IMPRENSA SOBRE A EDUCAÇÃO BRASILEIRA

Texto construído com excertos de 24 editoriais consultados:

A educação básica já ocupa lugar de destaque na agenda nacional. Não basta, contudo, aumentar as verbas da educação para aplicar-lhe essa espécie de choque de compromisso com a qualidade que se faz necessário.[5]

A qualidade da educação básica no Brasil não vai bem, todos sabem. Mas é inegável que nos últimos anos houve progresso no que se refere ao acesso e à permanência no ensino primário.[6] Ampliou-se a obrigatoriedade do ensino; verbas destinadas por lei à educação foram novamente vinculadas ao seu destino; apostou-se em uma política de avaliação do aprendizado dos alunos; e gastos da União com o ensino fundamental cresceram.[7] Atingiu-se a virtual universalização, com a chegada às carteiras escolares das mais pobres entre as crianças pobres.[8] O país possui hoje 91% de crianças e jovens na escola, uma taxa razoável. Menos de um terço, porém, demonstra ter aprendido o conteúdo esperado na série em que se encontra.[9]

No Brasil, 11,5% das crianças de 8 e 9 anos são analfabetas, segundo o IBGE, e as crianças mais pobres são as que estão mais afastadas da estrutura escolar. Esses dados reforçam a necessidade de dar mais atenção à pré-escola, investindo-se mais na instalação e na qualificação da rede de pré-escolas e de creches.[10]

136

No texto jornalístico, um olhar externo para a educação

A ampliação do período de escolarização mínima obrigatória é positiva. Ela serve para dar oportunidade à criança "mais pobre" que frequenta as redes públicas de ensino, de receber um mínimo de preparação para alfabetizar-se, como costuma ocorrer nas escolas privadas. No entanto, a reprovação de 79 mil crianças de 6 anos no primeiro ano de ensino — ou 3,5% dos inscritos na série em 2008 — traz um alerta: não faz sentido exigir proficiência dos alunos quando ainda estão em fase de adaptação ao universo pedagógico. Reprová-las já no início da escolarização cria um estigma, cabendo ao MEC explicitar que a alfabetização não é imprescindível no primeiro ano e fomentar a capacitação de mestres e dirigentes para lidar com a nova clientela.[11]

Nessa faixa etária, atividades lúdicas, jogos, narrativas e dramatizações devem preparar a criança para absorver os primeiros códigos da linguagem e dos números — atenuando, assim, o impacto emocional da entrada num universo mais rigoroso, com avaliações e tarefas de casa regulares, nos anos seguintes.[12]

Resolução do Conselho Nacional de Educação (CNE) recomenda às escolas da rede pública e privada que não mais reprovem alunos matriculados nas três primeiras séries do ensino fundamental. Essa medida pretende diminuir taxa de evasão, no entanto, especialistas põem em dúvida a capacidade dos professores de dar tratamento diferenciado aos estudantes mais fracos e que, sem professores bem formados, sem boa gestão e sem recursos, a progressão continuada não dará bons resultados, constituindo-se em mais um modismo e improvisação, com resultados insatisfatórios e que desorganiza o sistema de ensino básico.[13]

A sociedade teria muito a ganhar com investimentos de educação na primeira infância. A atuação precoce seria uma forma de reduzir a repetência, combater preventivamente a violência e diminuir as desigualdades sociais.[14]

Economistas recomendam inserir a educação de 0 a 6 anos de idade no centro da agenda de políticas sociais brasileiras. James Heckman, Prêmio Nobel de Economia de 2000, relacionou a ineficiência do ensino com a carência na oferta de educação pré-escolar.[15] Por outro lado, o Brasil está entre os países onde as crianças passam menos tempo na escola. Seria necessário estimular a educação de tempo integral nas escolas públicas, pois, ficando mais tempo na escola, crianças carentes deixam as ruas, recebem alimentação adequada e se preparam para um futuro com melhores perspectivas.[16]

A educação brasileira continua sendo reprovada nos levantamentos comparativos dos organismos multilaterais e os estudantes do país continuam tendo desempenho vexatório nos testes internacionais de avaliação de conhecimento. Em estudo realizado pela Unesco, o Brasil tem a maior taxa de repetência das Américas no ensino

Educação básica

fundamental. Para os especialistas, o governo investiu muito em avaliação, nos últimos anos, mas pouco na tentativa de elevar a qualidade do ensino público, e a qualidade do ensino é decisiva para determinar a capacidade de crescimento do país,[17] e o investimento em educação é a chave para melhorar a qualidade de vida da população.[18]

Relatório encomendado pelo MEC, divulgado em março de 2010, revela que apenas 33% das 294 metas estabelecidas no Plano Nacional de Educação, de 2001, haviam sido cumpridas em 2008, último ano com dados consolidados no estudo. Os avanços foram lentos por falta de objetivos claros para políticas públicas. Faltou ao plano identificar prioridades, estabelecer metas passíveis de serem acompanhadas por indicadores confiáveis e, em alguns casos, uma perspectiva mais realista.[19]

Fica claro que o país não foi capaz, nesse período, de diminuir a evasão no ensino médio, conter de maneira satisfatória as taxas de repetência e ampliar tanto quanto seria recomendável o acesso à universidade. O gasto total com educação ficou estagnado em cerca de 5% do PIB até 2007. A parcela de jovens entre 15 e 17 anos no ensino médio passou de pífios 45,4% em 2001, para 50,4%, em 2008.[20]

Minadas por indisciplina, desinteresse e despreparo, as instituições de ensino médio, em especial as públicas, se tornaram o retrato de problemas que se acumulam por toda a vida escolar brasileira, desde a pré-escola.[21] O CNE aprovou proposta do MEC que reformula radicalmente o currículo do ensino médio — o mais anacrônico e desvinculado da realidade social e econômica do país, quando comparado aos programas do ensino fundamental e superior.[22]

A reforma visa tornar mais atraentes as três séries desse ciclo, que há muitos anos vêm registrando taxas preocupantes de evasão no âmbito da rede escolar pública. Além da falta de qualidade, o ensino médio há muito tempo vive uma crise de identidade, uma vez que não prepara os estudantes nem para os vestibulares nem para o mercado de trabalho.[23]

Observadas de perto, dentro das salas de aula, as deficiências da educação no país parecem ainda mais graves do que o já desalentador retrato do ensino desenhado pelas estatísticas de matrícula e desempenho dos alunos. Ainda que com exemplos de dedicação e comprometimento de funcionários e alunos, o que se vê são docentes insatisfeitos e ausentes, alunos sem aula, atenções dispersas, problemas de disciplina e um sentimento difuso de falta de sentido preenchem os dias da escola.[24]

Muitos obstáculos ao bom funcionamento se encontram além dos muros do colégio e dependem de mudanças mais amplas para serem superados. Mas há também, no âmbito da escola, excesso de burocracia e problemas de gestão, deficiências comuns a muitas instituições públicas de ensino do país.[25]

138

No texto jornalístico, um olhar externo para a educação

A formação dos professores brasileiros e as redes públicas de ensino dão pouca prioridade para a didática. Em outras palavras, os mestres aprendem mais na faculdade sobre teorias pedagógicas e menos sobre o que fazer na sala de aula — e como.[26]

No Brasil, há pelo menos quatro fatores de deficiência concorrendo para que a ação dos professores seja ineficaz a ponto de condenar alunos brasileiros às últimas colocações no exame internacional de aprendizagem Pisa, organizado pela Organização para a Cooperação e Desenvolvimento Econômico (OCDE). São elas: didática, programação, supervisão e permanência na escola.[27]

Além do treinamento didático, os mestres precisam ter clareza sobre o conteúdo que devem ensinar, e quando. Em alguns sistemas públicos, como o do estado de São Paulo, a carência começou a ser resolvida com a edição de guias curriculares, que organizam a matéria numa sequência pensada para favorecer a assimilação.[28]

De nada adiantam os guias, contudo, sem o terceiro componente, supervisão e controle sobre o cumprimento da programação. São atividades quase desconhecidas no ensino oficial. Há estados em que o cargo de supervisor nem sequer existe![29]

O quarto e último item dessa receita para o fracasso pedagógico está na alta rotatividade docente. Professores precisam permanecer mais numa escola, numa série e numa disciplina, além de faltar menos, para ter tempo de se aperfeiçoar e se familiarizar com a escola e sua comunidade.[30]

Nesse sentido, vai no rumo correto o projeto aprovado pela Assembleia Legislativa de São Paulo que institui progressão salarial para professores da rede estadual, baseada em avaliação de mérito. É um passo para enfrentar a medíocre qualidade do ensino no estado mais rico da Federação.[31]

Ninguém deveria se opor a uma medida destinada a motivar professores a melhorar suas aulas. Nesse sentido, seria desejável que a avaliação incluísse ainda o desempenho de seus alunos em exames padronizados, não só a prova docente. A valorização do professor é crucial para que a profissão se torne mais atrativa entre os formandos com bom desempenho nas faculdades.[32]

Por falta de docentes qualificados em disciplinas muito específicas, a rede pública de ensino básico do estado de São Paulo anunciou que terá de continuar utilizando professores temporários em 2011. A informação revela as dificuldades que as autoridades educacionais paulistas vêm enfrentando para tentar melhorar a qualidade da educação fundamental e média, mediante o aumento do número de professores selecionados em concurso público pelo critério de mérito.[33]

Dos 181 mil docentes temporários que se submeteram a um exame de avaliação aplicado em dezembro de 2009, cerca de 88 mil não alcançaram a nota mínima para

Educação básica

lecionar. Tal fato revela a má qualidade dos cursos de licenciatura. Eles despejam anualmente no mercado milhares de profissionais sem preparo teórico e sem treinamento pedagógico para lecionar na área em que se especializaram, o que é absurdo. Que tipo de atividade didática esperar de quem não conhece a disciplina que pretende ensinar?[34]

Para sair desse círculo vicioso há duas estratégias complementares. A primeira – de alçada estadual – consiste em investir na formação continuada do professorado. A segunda estratégia – de alçada da União – consiste em cobrar mais rigor dos cursos de licenciatura e criar um padrão mínimo de qualidade para que possam continuar funcionando.[35]

No entanto, a educação brasileira não sairá do buraco em que se encontra enquanto a sociedade e os governantes por ela eleitos não se convencerem de que ser professor não é sacerdócio, mas profissão absolutamente estratégica para o desenvolvimento do país. Pode-se reformar de tudo no ensino, mas ele jamais será de qualidade sem bons professores. E estes não serão atraídos por salários medíocres.[36]

A necessidade de melhorar a formação dos professores brasileiros é consenso no debate sobre estratégias para avançar na qualidade do ensino.[37] Um dos problemas mais graves de educação de jovens no Brasil é a desorientação de professores e diretores para ministrar o conteúdo mais básico aos alunos.[38] MEC, estados e municípios terão que dar estímulos concretos para incentivar seus docentes a melhorarem sua capacitação e conciliarem a iniciativa com as atividades em sala de aula.[39] Na situação lastimável em que a educação se encontra, a formação dos professores e a valorização de sua carreira serão determinantes para o correto andamento do ensino.[40]

O remédio definitivo é conhecido: realizar mais concursos, estabilizar um corpo docente qualificado e bem remunerado e cobrar dele resultados.[41]

A educação de qualidade é direito dos brasileiros e prioridade do país. Entretanto, o Brasil segue como um país em que a educação continua sendo o mais grave problema social e o maior obstáculo ao desenvolvimento acelerado e contínuo.[42]

CONCLUSÃO

O texto, composto integralmente com excertos de editoriais da *Folha* e do *Estadão*, os dois jornais de maior circulação em São Paulo, desde logo chama a nossa atenção por sua surpreendente coesão. Esses periódicos – e consequentemente

No texto jornalístico, um olhar externo para a educação

suas linhas editoriais – são diferenciados por seus leitores. O *Estadão* costuma ser visto como um jornal mais conservador que a *Folha*, que estaria numa posição mais "à esquerda". No entanto, quando se referem à educação, suas opiniões convergem a tal ponto que, ao lermos o texto por nós composto, não se consegue identificar, em sua leitura corrida, onde se encontram as "falas/opiniões" de um ou de outro. Outra questão que se destaca refere-se ao fato, já cristalizado no conjunto de opiniões prevalente em nossa sociedade, de que a escola pública é a escola da população menos favorecida economicamente, a escola da "criança pobre", que deve, no entanto, buscar aproximar-se das "boas" práticas pedagógicas do ensino privado. Parece que nos acomodamos diante dessa perversidade que nada mais é do que reforçar as diferenças de tratamento dadas às distintas camadas da população, que, em tese, deveriam gozar dos mesmos direitos.

Dentre os muitos papéis do discurso jornalístico, e não só dele, podemos, numa referência a Fairclough (2008), destacar o de constituir, reproduzir, desafiar e reestruturar os sistemas de conhecimento e crença. Os editoriais, lidos diariamente por aqueles que compõem o público de um determinado jornal, estão desempenhando tais papéis, e a imagem – que se pretende "real" – da educação brasileira vai sendo desenhada. A força dessa imagem, alimentada por dados da experiência vivida por cada leitor e por informações outras por ele recebidas, vai interferir diretamente na construção da identidade coletiva do objeto "escola", dado "[...] que a linguagem significa a realidade no sentido da construção de significados para ela" (Fairclough, 2008: 66).

141

Educação básica

Concluímos com a ressalva – que nos parece bastante óbvia, mas ainda assim necessária – de que, ao selecionarmos os excertos utilizados, alguma subjetividade se impôs, mostrando ser a nossa leitura apenas uma das múltiplas possíveis do *corpus* pesquisado.

EDITORIAIS CONSULTADOS

Os editoriais utilizados para a redação do texto "O olhar da imprensa sobre a educação brasileira" estão assinalados com (★).

Folha de S.Paulo

"Valorizar o professor" (★), 02/07/09.

"Analfabetismo infantil" (★), 14/07/09.

"Baixa procura" (★), 17/07/09.

"Reaprender a ensinar" (★), 11/08/09.

"Valorização docente" (★), 24/10/09.

"A nova prioridade da educação" (★), 01/12/09.

"O teste do Enem", 08/12/09.

"Questão escolástica" (★), 14/12/09.

"Na primeira infância" (★), 02/01/10.

"O *ranking* da Unesco" (★), 25/01/10.

"Mestres reprovados" (★), 27/01/10.

"Falhas no Enem", 01/02/10.

"Dentro da escola" (★), 02/02/10.

"Acima da média" (★), 11/02/10.

No texto jornalístico, um olhar externo para a educação

"Reprovação precoce" (★), 24/02/10.
"A hora da educação" (★), 04/03/10.
"Apagão do Enem", 12/03/10.
"O valor da educação" (★), 18/03/10.
"Duas colunas", 31/03/10.
"Educação pela metade", 23/04/10.
"Mais tempo na escola" (★), 30/05/10.
"Ensino médio" (★), 02/06/10.

O Estado de S. Paulo

"Mudanças no ensino médio" (★), 05/07/09.
"Punição exemplar", 13/07/09.
"O Enem de 2009", 27/07/09.
"O vazamento da prova do Enem", 03/10/09.
"Os números de IDH" (★), 08/10/09.
"A credibilidade do Enem", 19/10/09.
"O fim da DRU da educação" (★), 16/11/09.
"O triste saldo do Enem", 09/12/09.
"O salário mínimo dos docentes", 05/01/10.
"Educação reprovada" (★), 24/01/10.
"Professores reprovados" (★), 27/01/10.
"A greve dos professores", 16/03/10.
"Novo protesto de professores", 31/03/10.
"A desmoralização da Apeoesp", 10/04/10.
"Professores despreparados" (★), 27/05/10.
"Aprovação automática" (★), 29/05/10.
"Plano municipal de educação", 14/06/10.

Educação básica

O TEMA EM DEBATE

Maria Rehder é jornalista, atuando como oficial de comunicação na Organização das Nações Unidas (ONU) em Guiné-Bissau, África. Trabalhou como repórter especializada em educação no *Jornal da Tarde*, do grupo O Estado de S. Paulo.

ML: Quando você trabalhou no *Jornal da Tarde*, lembro-me que você tinha a preocupação de apresentar algumas pautas positivas com relação à educação. Você buscava inserir algumas experiências que revelassem ações educativas de sucesso. Esse caminho foi uma decisão sua ou do veículo para o qual você trabalhava? Qual o objetivo desse viés, um tanto diferente dos demais que se costuma ver no noticiário em geral?

MR: Realmente foi um trabalho pioneiro, chamado "Pais e Mestres". Nasceu da vontade do *Jornal da Tarde* de dialogar direto com o professor e com a comunidade escolar. Decidiu-se dar ênfase à rede pública, que tem professores com tantas experiências exitosas, mas não chegam à grande imprensa. O veículo, então, nos deu liberdade de criação e um grande espaço, que começou com uma coluna que saía quatro vezes por semana e depois se tornou diária. Nesse espaço, apresentávamos os resultados concretos daquele professor com coerência pedagógica em seu trabalho.

Começamos, como eu disse, com quatro inserções por semana. Numa delas, a matéria era de esclarecimento, dialogando com a família: "– *Você já parou para pensar na qualidade da educação do seu filho?*" No outro dia, trazíamos a voz de especialistas da educação, debatendo grandes temas da educação básica, do contexto político, mas pensando sempre na escola. O sábado era o dia que eu, particularmente, mais gostava de fazer; era quando apresentávamos casos concretos, pesquisados nas escolas, quando ouvíamos desde a merendeira até o professor, buscando todas as pessoas envolvidas com os projetos, para relatá-los com a abrangência necessária. Aos domingos, a coluna ocupava uma página inteira numa parceria com o Núcleo de Comunicação e Educação da USP. Nesse espaço, divulgávamos ideias de como usar a comunicação em diferentes ações na escola. Nessa época, tive a oportunidade de conhecer bem o chão da escola, principalmente das escolas públicas, das quais ninguém fala. Aprendi muito com tanto diretor e vi a diferença que faz uma boa gestão, uma equipe mais antiga e coesa também.

No começo, dentro do próprio jornal, os jornalistas mais antigos de casa tinham certo estranhamento. A experiência de um professor não lhes parecia relevante, não lhes parecia suficientemente abrangente para interessar o grande público. Nosso espaço foi sendo conquistado aos poucos, e muitas pautas positivas passaram a ser sugeridas pelo leitores, pelos pais de alunos de boas escolas. Lógico que, mesmo nessas experiências exitosas, alguns problemas tinham que ser discutidos, inclusive, para que se pudesse discutir o como trabalhar. Tínhamos esse cuidado.

ML: Por quanto tempo o jornal manteve essa proposta?

MR: Ela permaneceu de 2006 a 2008. Tivemos uma mudança editorial no jornal e o projeto acabou. Eu ainda continuei como repórter especializada em educação, mas o viés já era outro.

ML: No caso da escola pública, a autoestima tanto do seu profissional quanto do seu aluno acaba sendo, diretamente, influenciada e rebaixada pela péssima visão que se tem daquilo que se faz nessa escola. A imprensa, ainda que não crie a realidade que apresenta, muitas vezes trata o tema de uma maneira muito genérica e coloca, num único balaio, todos os gatos.

MR: Se tivéssemos uma balança, deveríamos equilibrar os pesos porque é importante denunciar, discutir políticas públicas, debater questões de infraestrutura de escola, zelar pelos interesses do cidadão. Mas é importante, também, valorizar o professor exitoso, o diretor competente.
A educação é um assunto que precisa de um cuidado diferenciado e hoje esse assunto já tem mais espaço nos jornais. O *Estadão* foi o primeiro a ter um espaço fixo semanal, toda segunda-feira.

ML: Você consegue identificar um marco para o despertar desse interesse pela educação básica?

MR: Foram as avaliações externas, a Prova Brasil, cujos primeiros resultados, dados numéricos, chamaram a atenção. Em paralelo, surgiu o movimento "Todos pela Educação" que fez uma coisa interessante: ajudou a qualificar jornalistas especializados no tema. Hoje, a *Folha de S.Paulo*, além do *Estadão*, mantêm uma coluna semanal, também às segundas. O UOL Educação também cresceu muito, além de outros.

ML: Se hoje a educação faz parte das manchetes, é porque ela integra, claramente, os interesses nacionais, refletindo tanto o interesse da classe política quanto da própria população. Há dez anos você não tinha matérias diárias tratando desse tema. Hoje, como você disse, os jornais reservam espaços maiores em determinados dias.

MR: E uma página é muito espaço.

ML: E, se houver algum episódio, é pauta garantida. Vai ganhar espaço.

MR: Concorre a uma manchete.

ML: E isso foi um ganho, porque, enquanto não se discutiu educação, as políticas públicas foram negligentes com relação a ela.

MR: E esse espaço veio com a divulgação dos resultados das avaliações.

ML: É, a avaliação é um processo importante.

MR: O jornal precisa de dados, e as avaliações trazem esses dados, com números abertos por escola, inclusive. Daí ter-

Educação básica

mos tão pouco espaço na imprensa para experiências exitosas da escola pública...

ML: E essa dicotomia escolas públicas x escolas privadas? Sabemos que há um grupo pequeno de escolas privadas que são, efetivamente, muito melhores do que as escolas públicas, mas que a rede de escolas privadas também não é homogênea. Existem escolas privadas que prestam pior serviço que muitas públicas, porque não é o fato de cobrar mensalidade que garante uma boa gestão. Mas não se faz essa distinção. A distinção que usualmente é feita é separar a escola pública como sendo a escola do pobre. Parece que há, em nosso país, um acordo mudo, tácito, de que a escola pública é para o pobre, e a escola privada, de boa qualidade, é para quem pode pagar. E que esses dois mundos, assim divididos, devem conviver sem problemas e sem atritos.

MR: A universalização da matrícula provocou, generalizadamente, a queda da qualidade. Mas temos escolas públicas com bons resultados, com professores que fazem a diferença, com pais participantes.

Sempre que pude, em minhas pautas, privilegiei a escola pública. Busquei lutar por um público que não tem nenhum espaço, que pode não ser o melhor do Enem, ou o melhor da Prova Brasil, mas que tem experiências exitosas para relatar. É necessário um trabalho de pesquisa em que o repórter tem que estar muito comprometido.

148

ML: E como é a escolha? Como é que se chega a esta posição: repórter que vai cobrir a educação?

MR: No meu caso, eu integrava um Núcleo de Comunicação e Educação na Universidade de São Paulo e trabalhei num jornal de economia, o DCI, cobrindo o terceiro setor, uma área que me interessava. Fui, então, para o *Jornal da Tarde*, que era o único com uma página por dia de experiências de comunidades. Foi então que eu soube do projeto "Pais e Mestres", e a editora, pelo meu currículo, considerou-me capaz para esse diálogo com a educação. Hoje em dia, temos ótimos repórteres que estão há anos cobrindo educação, mas também aqui é tudo muito desigual. No jornalismo, tudo é muito dinâmico. Às vezes, passam para um repórter três matérias que devem ser feitas no mesmo dia. Tem outra questão mais estrutural do jornalismo que também tem um impacto grande. É quando um profissional, que não está tão qualificado para trabalhar com determinados temas, é chamado, pela urgência, para fazê-lo.

ML: Voltando para o objeto deste capítulo, causou-me surpresa verificar o quanto os dois jornais pesquisados, *Folha* e *Estado*, que eu sempre imaginei que tivessem públicos diferentes em função de suas linhas editoriais igualmente distintas, na verdade, têm tons bastante convergentes. No texto por mim composto, se não estivesse sinalizado, não seria possível identificar o editorial de qual veículo foi uti-

lizado. O que aconteceu? Os jornais foram convergindo ou a população foi se tornando uma massa mais uniforme?

MR: Na área da educação, os jornais viram que seria importante falar de política pública da educação. Em suas pautas, concorrem pela informação e um olha para o outro, no dia a dia. As pautas são sempre muito similares, até porque as fontes são as mesmas: Ministério da Educação, Secretaria de Educação, grandes instituições e universidades. Talvez isso tenha trazido essa abordagem semelhante. Portanto, eu não acho que seja o leitor, foram os jornais mesmo que se uniram na cobertura, até mesmo, os dois jornais reservaram as segundas-feiras para os destaques da educação.

Maria Rehder é jornalista graduada pela Universidade Presbiteriana Mackenzie, com pós-graduação em Gestão da Comunicação pela Escola de Comunicação e Artes da Universidade de São Paulo (ECA-USP), e há oito anos atua como pesquisadora do Núcleo de Comunicação e Educação da Universidade de São Paulo (NCE-USP). Atualmente, integra o cargo de oficial de comunicação pela Organização das Nações Unidas (ONU) em Guiné-Bissau, África. Durante três anos, atuou como repórter especializada em educação no *Jornal da Tarde*, do grupo O Estado de S. Paulo, sendo responsável pela criação do projeto Educom.JT– que consistiu na publicação de uma página semanal voltada para o uso da educomunicação por professores da rede pública de ensino, produzida em parceria com o NCE-USP.

No texto jornalístico, um olhar externo para a educação

NOTAS

[1] Dados referentes a 2010, divulgados pela Associação Nacional de Jornais. Disponível em: <www.anj.org.br.>. Acessado em: 12 out. 2011.

[2] Os títulos de todos os editoriais estão no final deste capítulo.

[3] No entanto, deixamos de lado dois grupos de editoriais: os que versaram a respeito do Exame Nacional do Ensino Médio (Enem) e as falhas ocorridas em sua aplicação, pelo Ministério da Educação, uma vez que tais falhas decorrem de uma questão administrativa e não educacional; e os editoriais que discutiam as greves dos professores da rede pública estadual paulista, encabeçadas pela Apeoesp (Sindicato dos Professores do Ensino Oficial do Estado de São Paulo), por considerarmos que as greves ocorridas no período deste estudo não alcançaram um número suficientemente significativo de professores e unidades escolares para serem consideradas efetivamente representativas.

[4] Roland Barthes, *Fragmentos de um discurso amoroso*, São Paulo, Martins Fontes, 2003.

[5] Texto extraído do editorial da *Folha* de 02/02/10.

[6] Ensino primário é a anterior denominação do atual ensino fundamental I. Texto extraído do editorial da *Folha* de 05/01/10.

[7] Texto extraído do editorial da *Folha* de 11/02/10.

[8] Texto extraído do editorial da *Folha* de 25/01/10.

[9] Texto extraído do editorial da *Folha* de 18/03/10.

[10] Texto extraído do editorial da *Folha* de 14/07/09.

[11] Texto extraído do editorial da *Folha* de 24/02/10.

[12] Texto extraído do editorial da *Folha* de 14/12/09.

[13] Texto extraído do editorial do *Estadão* de 29/05/10.

[14] Texto extraído do editorial da *Folha* de 01/12/10.

[15] Texto extraído do editorial da *Folha* de 02/01/10.

[16] Texto extraído do editorial da *Folha* de 30/05/10.

[17] Texto extraído do editorial do *Estadão* de 24/01/10.

[18] Texto extraído do editorial do *Estadão* de 08/10/09.

[19] Texto extraído do editorial da *Folha* de 04/03/10.

[20] Texto extraído do editorial da *Folha* de 04/03/10.

[21] Texto extraído do editorial da *Folha* de 11/08/09.

[22] Texto extraído do editorial da *Folha* de 05/07/09.

[23] Texto extraído do editorial da *Folha* de 05/07/09.

[24] Texto extraído do editorial da *Folha* de 02/02/10.

Educação básica

25 Texto extraído do editorial da *Folha* de 02/02/10.
26 Texto extraído do editorial da *Folha* de 11/08/09.
27 Texto extraído do editorial da *Folha* de 11/08/09.
28 Texto extraído do editorial da *Folha* de 11/08/09.
29 Texto extraído do editorial da *Folha* de 11/08/09.
30 Texto extraído do editorial da *Folha* de 11/08/09.
31 Texto extraído do editorial da *Folha* de 24/10/09.
32 Texto extraído do editorial da *Folha* de 24/10/09.
33 Texto extraído do editorial do *Estadão* de 27/05/10.
34 Texto extraído do editorial do *Estadão* de 27/05/10.
35 Texto extraído do editorial do *Estadão* de 27/05/10.
36 Texto extraído do editorial da *Folha* de 18/03/10.
37 Texto extraído do editorial da *Folha* de 17/07/09.
38 Texto extraído do editorial da *Folha* de 02/07/09.
39 Texto extraído do editorial da *Folha* de 17/07/09.
40 Texto extraído do editorial da *Folha* de 02/07/09.
41 Texto extraído do editorial da *Folha* de 27/01/10.
42 Texto extraído do editorial da *Folha* de 02/06/10.

Bibliografia

ABBAGNANO, Nicola. *Dicionário de filosofia*. 4. ed. São Paulo: Martins Fontes, 2000.

AGUERRONDO, Inês. Formación docente en la sociedad del conocimiento. *Estudos em Avaliação Educacional*. São Paulo: Fundação Carlos Chagas, v. 20, n. 44, set./dez., 2009.

AMADO, João S. *A construção da disciplina na escola:* suportes teórico-práticos. Porto: ASA, 2000.

BRANDÃO, Helena H. N. *Introdução à análise do discurso*. 4. ed. Campinas: Editora da Unicamp, 1995.

BRASIL. MEC/CNE. Parecer CNE/CP 9/2001: Diretrizes Curriculares – Cursos de Graduação. Disponível em: <www.portal.mec.gov.br>. Acessado em: 15 jan. 2010.

CAVACO, Maria Helena. Ofício do professor: o tempo e as mudanças. In: NÓVOA, António (org.). *Profissão professor*. Porto: Editora Porto, 1995.

CEE – CONSELHO ESTADUAL DE EDUCAÇÃO DE SÃO PAULO. *Normas e diretrizes nacionais:* subsídios para discussão. São Paulo: Imprensa Oficial, 2010.

CHARADEAU, Patrick; MAINGUENEAU, Dominique. *Dicionário de análise do discurso*. São Paulo: Contexto, 2004.

CITELLI, Adilson. *Linguagem e persuasão*. São Paulo: Ática, 1999.

FAIRCLOUGH, Norman. *Discurso e mudança social*. Brasília: Editora Universidade de Brasília, 2008.

FIORIN, José Luiz. *Introdução ao pensamento de Bakhtin*. São Paulo: Ática, 2006.

FREIRE, Paulo. *Ação cultural para a liberdade*. 8. ed. Rio de Janeiro: Paz e Terra, 1982.

_____. *Educação e mudança*. 7. ed. Rio de Janeiro: Paz e Terra, 1983.

_____. *Pedagogia do oprimido*. 17. ed. Rio de Janeiro: Paz e Terra, 1987.

_____. *Extensão ou comunicação?* 10. ed. São Paulo: Paz e Terra, 1992.

Educação básica

_____. *Pedagogia da esperança:* um reencontro com a pedagogia do oprimido. 7. ed. Rio de Janeiro: Paz e Terra, 2000a.

_____. *Pedagogia da indignação:* cartas pedagógicas e outros escritos. São Paulo: Unesp, 2000b.

_____. *Pedagogia dos sonhos possíveis.* Org. Ana Maria Araújo Freire. São Paulo: Ed. Unesp, 2001.

_____. *Cartas a Cristina:* reflexões sobre minha vida e minha práxis. São Paulo: Unesp, 2003.

_____. *Pedagogia da autonomia:* saberes necessários à prática educativa. 31. ed. São Paulo: Paz e Terra, 2005. (1. ed. 1997)

HOFFMANN, Jussara. *Avaliação mediadora:* uma prática em construção da pré-escola à universidade. 7. ed. Porto Alegre: Educação e Realidade, 1995.

HOPKINS, Terence K. O conceito de sistema de autoridade. In: WEBER, Max et al. *Sociologia da burocracia.* Rio de Janeiro: Zahar, 1966.

HOUAISS, Antonio. *Dicionário Houaiss da língua portuguesa.* Disponível em: <www. uol.com.br/Houaiss>. Acessado em: 16 ago. 2010.

LAKATOS, Eva M.; MARCONI, Marina A. *Sociologia geral.* 7. ed. São Paulo: Atlas, 1999.

MARCONDES, Maria Inês; TURA, Maria de Lourdes. Prática reflexiva: ponto de chegada ou ponto de partida na formação do professor? In: BARBOSA, Raquel L. L. (org.). *Trajetórias e perspectivas da formação de educadores.* São Paulo: Unesp, 2004.

MASETTO, Marcos T. *O professor na hora da verdade:* a prática docente no ensino superior. São Paulo: Avercamp, 2010.

MORGADO, José. *A relação pedagógica.* Lisboa: Editorial Presença, 1999.

MORIN, Edgar. *Os sete saberes necessários à educação do futuro.* São Paulo: Cortez; Brasília: Unesco, 2000.

MOURA, Manoel O. Pesquisa colaborativa: um foco na ação formadora. In: BARBOSA, Raquel L. L. (org.). *Trajetórias e perspectivas da formação de educadores.* São Paulo: Unesp, 2004.

ORLANDI, Eni. *A linguagem e seu funcionamento.* São Paulo: Brasiliense, 1987.

PEDRO, Emília R. *O discurso na aula.* Uma análise sociolinguística da prática escolar em Portugal. 2. ed. Lisboa: Editorial Caminho, 1992.

Bibliografia

PERRENOUD, Philippe. *Dez novas competências para ensinar.* Porto Alegre: Artmed, 2000.

PEY, Maria Oly. *A escola e o discurso pedagógico.* São Paulo: Cortez, 1988.

RIOS, Therezinha Azeredo. *Ética e competência.* São Paulo: Cortez, 1994.

_____. *Por uma docência de melhor qualidade.* São Paulo, 2000. Tese (Doutorado) – Universidade de São Paulo.

SÃO PAULO. Conselho Estadual de Educação. Deliberação CEE nº 78/08. Disponível em: <www.ceesp.sp.gov.br>. Acessado em: 19 de janeiro de 2010.

SILVA, Maria de Lourdes. A docência é uma ocupação ética. In: ESTRELA, Maria Teresa (org.). *Viver e construir a profissão docente.* Porto: Porto Editora, 1997.

STOPPINO, Mário. Autoridade. In: BOBBIO, Norberto; MATTEUCCI, Nicola; PASQUINO, Gianfranco. *Dicionário de política.* 5. ed. Brasília, Distrito Federal: Ed. da Universidade de Brasília/São Paulo: Imprensa Oficial do Estado, 2000.

VALE, Ana Maria. *Diálogo e conflito:* a presença do pensamento de Paulo Freire na formação do sindicalismo docente. São Paulo: Cortez, 2002.

VASCONCELOS, Maria Lucia M. C. A pesquisa como princípio pedagógico: (in)disciplina na escola contemporânea. In: VASCONCELOS, Maria Lucia M. Carvalho (org.). *(In)disciplina, escola e contemporaneidade.* Niterói: Intertexto/ São Paulo: Editora Mackenzie, 2001.

_____. *Autoridade docente no ensino superior:* discussão e encaminhamentos. São Paulo: Xamã; Niterói: Intertexto, 2006.

_____. Docência: discurso e ação. In: VASCONCELOS, Maria Lucia M. C.; PEREIRA, Helena B. C. (orgs.). *Linguagens em sala de aula do ensino superior.* Niterói: Intertexto, 2009.

_____; BRITO, Regina H. P. *Conceitos de educação em Paulo Freire:* glossário. 3. ed. Petrópolis: Vozes; São Paulo: Mackpesquisa, 2009.

VYGOTSKY, L. S. *Pensamento e linguagem.* São Paulo: Martins Fontes, 2008.

WEBER, Max. *Ensaios de sociologia.* 5. ed. Rio de Janeiro: LTC, 1982.

A AUTORA

Maria Lucia Vasconcelos é pedagoga formada pela Universidade de São Paulo (USP), doutora em Administração pela Universidade Presbiteriana Mackenzie e doutora em Educação pela USP. Foi professora de ensino fundamental, ensino médio, da graduação e pós-graduação. É professora titular do Programa de Pós-Graduação em Letras da Universidade Presbiteriana Mackenzie, onde, além de reitora, exerceu as funções de orientadora educacional, diretora da Faculdade de Filosofia, Letras e Educação e coordenadora geral de Pós-Graduação. Presidente do Conselho Municipal de Educação de São Paulo de 2010-2012 e conselheira titular do Conselho Estadual de Educação de São Paulo de 2009-2012, foi, também, secretária de Estado da Educação de São Paulo (2006-2007). Autora de vários livros, além de diversos artigos e capítulos de livros, dedica-se aos estudos relacionados à formação de professores tanto da educação básica como do ensino superior.

CADASTRE-SE no site da Editora Contexto para receber nosso boletim eletrônico na sua área de interesse e também para acessar os conteúdos exclusivos preparados especialmente para você. **www.editoracontexto.com.br**

- HISTÓRIA
- LÍNGUA PORTUGUESA
- GEOGRAFIA
- FORMAÇÃO DE PROFESSORES
- MEIO AMBIENTE
- INTERESSE GERAL
- EDUCAÇÃO
- JORNALISMO
- FUTEBOL
- ECONOMIA
- TURISMO
- SAÚDE

CONHEÇA os canais de comunicação da Contexto na web e faça parte de nossa rede
twitter YouTube flickr facebook orkut **www.editoracontexto.com.br/redes/**

GRÁFICA PAYM
Tel. (011) 4392-3344
paym@terra.com.br